La bibliothèque Gallimard

Sources des illustrations
Couverture : d'après Mark Copeland, *After the fox*. Photo © Bridgeman Giraudon.
BnF, Paris : 6, 82, 132, 167. Bridgeman Giraudon : 13. Gallimard Jeunesse/C+D Millet : 218.
ADAGP, Paris 2003 : Benjamin Rabier, 215.

Le roman
de Renart

Textes choisis
et lecture accompagnée par
Aurélie Barre
certifiée de lettres modernes
à l'université de Lyon III

La bibliothèque Gallimard

Florilège

« Il me faut maintenant vous raconter quelque chose dont je peux tous vous faire rire, car je sais bien, c'est la pure vérité, que vous n'avez cure d'entendre un sermon ou la vie d'un saint ; de cela vous n'avez aucune envie, mais plutôt de quelque chose qui puisse vous faire plaisir. » (Prologue de l'épisode du « Puits »)

« Renart met tout le monde en détresse ; Renart séduit, Renart cajole : c'est une fort mauvaise école que celle de Renart. » (« Le puits »)

« Le coquin brûle du désir de le manger, sa gourmandise le met sur les charbons ardents. » (« Renart et Tiécelin »)

« Seigneur, maudite soit la bouche qui se mêle de faire du bruit au moment où elle devrait se taire ! » (« Renart et Chantecler »)

« Il a peur de perdre sa peau, à moins que la ruse ne triomphe de la force. » (« Renart et la mésange »)

« Voilà Isengrin à nouveau grand et fort : si maître Renart franchit les limites de son territoire et que lui, il lui tombe dessus tandis qu'il chemine, sachez qu'il lui en fera voir ! » (« Le puits »)

« … Renart s'en alla joyeux alors qu'ils restèrent à se lamenter. » (« La naissance de Renart »)

Ouvertures

Loin de nous : le Moyen Âge

Qu'est-ce que le système féodal?

Des chevaliers sous serment – Entre les XIIe et XIIIe siècles, la France voit progressivement se consolider le pouvoir royal, menacé pendant longtemps par de puissants seigneurs qui refusent l'autorité du roi et qui sont sans cesse en guerre les uns contre les autres. Quatre rois contribuent à l'essor de la royauté : Louis VII, Philippe Auguste, Louis VIII et Louis IX, appelé aussi Saint Louis. *Le Roman de Renart* conserve des traces de ces luttes : Renart se révolte à maintes reprises contre Noble, il entre en guerre contre Isengrin ou encore contre Tibert (branche* I). Face à cette instabilité et à cette violence, le roi tente d'instaurer la paix : c'est au nom de cette paix jurée que Renart réclame un baiser à la mésange (branche VII).

La société s'organise tout entière autour du système féodal : les chevaliers ou les seigneurs du royaume sont liés par un serment qu'on appelle l'**hommage** à un suzerain auquel ils doivent conseil, aide militaire en cas de conflit, mais aussi obéissance et loyauté. En échange, le suzerain offre à son vassal un fief, c'est-à-dire une terre, et lui assure une protection. C'est ainsi qu'Isen-

* Les mots signalés par un astérisque sont définis dans le glossaire.

Sur cette miniature du XIVe siècle, vous pouvez reconnaître le roi Noble et sa cour. Quel signe distinctif vous indique-t-il clairement que c'est lui ?

grin, Brun, Tibert ou Chantecler viennent chacun leur tour demander justice au roi contre Renart.

La puissance de l'Église – La société est également placée sous l'autorité de l'Église toute-puissante. La papauté organise des expéditions militaires en Terre sainte, pour reprendre Jérusalem aux mains des Turcs : ce sont les croisades, dont la première est prêchée par le pape Urbain II en 1095. Pour échapper à la justice du roi, à la fin de la branche* I, Renart demande à prendre la croix, l'écharpe et le bourdon et à partir pour Jérusalem. L'Église est aussi présente dans la société à travers différents ordres dont on trouve quelques échos dans *Le Roman de Renart* : les Bénédictins (les moines noirs) et les Cisterciens (les moines blancs) sont parfois évoqués. Mais, ce que retient le texte, c'est la richesse des poulaillers présents dans les abbayes : Renart n'a de cesse de vouloir saisir leurs poules ; ce qu'il dénonce, c'est la cupidité et la cruauté des moines, comme dans l'épisode du « Puits » (branche* V) où les moines s'acharnent sur Isengrin qu'ils ont tiré du puits.

Des paysans pauvres – Le troisième ordre qui compose la société médiévale est celui des paysans. C'est une classe pauvre, souvent décimée par les famines ou par les épidémies, qui cultive la terre grâce à des outils rudimentaires et qui défriche des zones boisées pour pouvoir étendre les cultures. Les paysans dépendent d'un seigneur à qui ils payent de fortes taxes. La plupart des paysans sèment des céréales ; seuls les plus riches possèdent des volailles ou des porcs ; c'est à eux que Renart s'en prend régulièrement.

Quatre siècles d'œuvres littéraires variées

Différents genres... – Le Moyen Âge littéraire est une période qui s'étend sur plus de quatre siècles. C'est un moment qui voit se développer divers genres littéraires. La **chanson de geste***, dans ses premiers écrits, retrace les exploits épiques* de Charlemagne et de ses vaillants chevaliers, par exemple dans *La Chanson de Roland*. Apparaissent en même temps des **récits courtois*** : un chevalier épris d'une dame va accomplir maintes prouesses pour la mériter, comme dans *Tristan et Iseult*. Parallèlement encore, des textes plus satiriques* voient le jour au début du XIIIᵉ siècle : ce sont les **fabliaux***. Ces textes sont très proches du *Roman de Renart* ; ils sont destinés à faire rire le public auquel ils s'adressent et s'appuient très souvent sur un comique de duperie, renversant les situations premières, et sur la grivoiserie.

Le Roman de Renart se plaît très souvent à se moquer des autres genres littéraires qu'il s'amuse à imiter et à dégrader, essentiellement pour faire rire son public en mettant en scène non plus des hommes mais des animaux. Dans la branche* I, lors du siège de Maupertuis – la demeure fortifiée de monseigneur Renart –, les barons du roi Noble lancent l'assaut comme dans les chansons de geste* ; mais la grandeur chevaleresque est bien vite rabaissée : l'animal se laisse toujours reconnaître sous l'homme. Les personnages ne sont pas de vrais héros.

Le roman courtois* n'est pas en reste : Renart séduit Hersent, la femme d'Isengrin, son ennemi juré, comme Tristan séduit Iseult. Mais le couple formé par le renard et la louve n'a aucune grandeur : le conteur n'en retient que le vice, la luxure.

... et différentes langues – Au sein de ces différents genres, une pluralité de langues se dégage : les textes sont écrits en langue savante ou en langue vulgaire (le terme provient du latin *vulgus* qui signifie peuple). Le latin, que l'on trouve notamment dans les Vies de Saints*, les traités de religion ou de philosophie, est principalement utilisé par les hommes d'Église, ceux qui ont reçu un enseignement scolaire. D'autres textes, à la même époque, sont composés en français. Mais on distingue encore le français du nord de la France, la **langue d'oïl**, et celui du sud, la **langue d'oc**.

À propos du *Roman de Renart*

Le temps de l'écriture

Le Roman de Renart est composé à la fin du XIIe siècle et au début du XIIIe siècle. Il est constitué par une série d'histoires, de récits appelés branches. Les acteurs de ces récits sont pour la plupart des animaux; le protagoniste* est un dénommé Renart; auprès de lui, on rencontre Isengrin, le loup, Noble, le lion, Brun, l'ours, et bien d'autres encore. Toutes ces branches* sont écrites en langue d'oïl; *Le Roman de Renart* est donc composé en français et non pas en latin. La langue vulgaire, c'est aussi ce qu'on appelle la langue romane. Ainsi le mot *roman* qui ouvre le titre n'a pas le sens qu'on lui donne aujourd'hui, mais indique que l'ensemble des aventures que vous allez lire sont écrites en français, ou plutôt en ancien français*, une langue intermédiaire entre le latin et notre français moderne. Le texte est composé en vers de huit syllabes à rimes plates*. Mais c'est sur un texte traduit que vous allez travailler et non sur le texte d'origine : la traduction a modifié les vers, nous ne lisons plus aujourd'hui *Le Roman de Renart* que comme de la prose*.

Vous le voyez, les dates concernant la composition de ces divers récits – on en compte environ 26 – restent floues. Cette étendue des dates relève de plusieurs phénomènes. D'abord les différentes branches n'ont pas été composées en même temps par un seul auteur. Les récits sont d'abord diffusés oralement par des conteurs, avant d'être mis par écrit par des moines copistes qui recopiaient les textes dans les abbayes ou les monastères. Il est donc très difficile pour nous de dater ces textes très anciens avec précision. On sait simplement qu'ils ont été rassemblés dans des manuscrits* dès la fin du XIIe siècle. Enfin, le texte au Moyen Âge n'appartient à personne, les auteurs ne revendiquent pas une reconnaissance littéraire comme c'est le cas aujourd'hui et donc ne signent pas leurs œuvres. Ainsi des branches ont pu être modifiées au fil des temps : des épisodes ont parfois été rajoutés, d'autres au contraire enlevés. À chaque fois, un nouveau copiste compose un nouveau manuscrit* ; le texte évolue donc sans cesse. Aujourd'hui, on a retrouvé de cette époque quatorze manuscrits* complets et plusieurs fragments racontant les aventures de Renart et de son compère Isengrin.

Plus de vingt auteurs pour une œuvre !

Les auteurs sont pour la plupart inconnus. Une vingtaine d'auteurs serait à l'origine du *Roman de Renart*, mais il ne nous reste que deux noms. Un certain Richard de Lison aurait écrit « Les Vêpres de Tibert » ; la branche* XII, « Renart et Liétard », serait l'œuvre d'un prêtre de la Croix-en-Brie. Un dernier auteur, Pierre de Saint-Cloud, aurait composé quelques épisodes, sans doute les plus anciens ; il est nommé par un continuateur des aventures du goupil, celui de la branche I : « Le Jugement de Renart ».

La diffusion du *Roman de Renart*

Un objet d'art : le livre – Au Moyen Âge, les manuscrits coûtent très cher, et seuls les églises ou les riches seigneurs peuvent se procurer ces œuvres rares. En effet, les textes sont recopiés par des moines (l'imprimerie n'a pas encore été inventée) : c'est un travail très long, qui demande beaucoup de concentration et d'application. On écrit sur de la peau de bête, souvent du veau, qu'il faut préparer, faire sécher, et même recoudre lorsqu'elle est déchirée… Les manuscrits sont parfois illustrés et décorés avec des miniatures*. Le livre est donc un véritable objet d'art, rare et précieux. Par ailleurs, la majorité des Français ne sait ni lire ni écrire. Pourtant une grande partie de la population du Moyen Âge connaît *Le Roman de Renart*.

L'art des conteurs – En réalité, la diffusion de l'œuvre s'est faite non par écrit, mais plus vraisemblablement par oral. Des jongleurs*, des ménestrels* allaient de château en château, parcouraient le pays, s'arrêtaient dans les grandes foires qui avaient lieu à l'époque et récitaient devant un public nombreux et varié ces œuvres qu'ils avaient apprises par cœur. Leur récitation était le plus souvent accompagnée de musique et de danses. On retrouve dans le texte du *Roman de Renart* – vous le verrez à de nombreuses reprises – des marques d'oralité : le conteur demande à son public de faire silence, de tendre l'oreille ; par ces apostrophes, il le fait véritablement participer à l'aventure de Renart et le met en appétit en lui annonçant par avance ce qui va se passer.

Entrons plus avant !

L'animal, le meilleur ami de l'homme – On définit très souvent *Le Roman de Renart* comme un recueil de contes d'animaux, de récits comiques mettant en scène des animaux. La littérature animalière est très répandue au Moyen Âge, dans cette civilisation où l'animal tient une place essentielle auprès des hommes. Il est présent bien sûr près des habitations : il constitue une réserve de nourriture, mais il participe aussi à la chasse, où on se sert de lévriers et de faucons, et à la guerre, si l'on pense plus particulièrement aux chevaux. *Le Roman de Renart* va raconter la vie de plusieurs animaux. Celle de Renart, le goupil. Notre goupil est avant tout animé par la faim, il se lèche les babines devant quelques poules ou chapons bien appétissants, et il fera bientôt craquer leurs os sous ses dents… Celle du loup, caractérisé par la peur qu'il inspire, par sa violence, sa cruauté, sa bêtise mais aussi par son appétit vorace pour les biches, les brebis et même les anguilles. Celle encore de l'ours Brun prêt à tout pour obtenir quelques rayons de miel bien remplis, mais qui malheureusement se retrouve très souvent dupé par Renart, le museau pris dans un piège installé par des paysans (branche* I).

Un miroir de la société médiévale – Les animaux prennent des noms et se mettent à parler. Ils dialoguent entre eux, ils parlent même aux hommes, aux paysans et aux religieux qui les entourent. Les différentes figures d'animaux qui composent *Le Roman de Renart* sont rassemblées autour du roi Noble, le lion, et de sa femme Fière. C'est une véritable société féodale qui se constitue et dans laquelle chacun a son rôle : Renart est un grand seigneur ; Isengrin le chef de l'armée ; Brun un grand prêtre. Le monde des bêtes, qui se réunit à la cour pour conseiller le roi, a la même structure et les mêmes institutions politiques et religieuses que le monde des hommes. *Le Roman de Renart* fonctionne donc comme le reflet de son temps, comme un miroir.

Derrière l'animal, l'homme... – Mais toute la saveur sans doute du *Roman de Renart* réside dans le mélange entre le caractère animal et les traits humains des différents personnages. Ainsi on rencontre Tibert, un chat sauvage, lançant son destrier à bride abattue sur un chemin dans « Renart et Tibert » ; à peine Renart a-t-il englouti deux poules qu'il choisit d'emmener la troisième chez lui, à Maupertuis, pour la faire cuire dans le « Puits ». Cette hésitation constante entre la réalité humaine et la réalité animale est à la source de l'originalité et du comique de cette œuvre : elle fait du texte une parodie*.

Une morale dans *Le Roman de Renart* ?

Le texte est profondément marqué par la cruauté des rapports qu'entretiennent les animaux entre eux. Renart fait battre le loup, il lui fait une tonsure, il l'humilie et refuse de lui donner à manger alors qu'il est affamé. Mais aucune morale* ne vient clore le récit ni dénoncer la cruauté, contrairement aux *Fables* de Marie de France, écrites à la même époque. Le parcours de Renart n'est pas une initiation qui le conduirait à être meilleur. Toutes ses aventures se ressemblent, elles répètent sans cesse

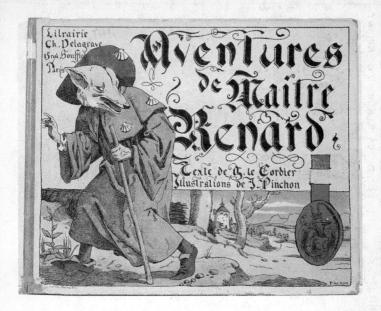

Tête de renard et corps d'homme : l'illustrateur Josepf Pinchon (1871-1953) rend compte dans ce portrait de « maître Renard » de ce que le roman médiéval montrait déjà. Derrière l'animal, la représentation des caractères humains.

une même violence. À la fin des différentes branches*, Renart n'est devenu ni un vaillant chevalier ni un bon croyant, comme dans les chansons de gestes*, il n'est pas non plus le parfait amant de la littérature courtoise*.

La loi qui guide les acteurs du récit est celle de la faim, dans une période marquée par les très nombreuses famines. La seule règle par temps de disette est celle du ventre. Dans le monde de Renart, « nécessité fait loi » : en mangeant les poules, le renard obéit à sa nature première et non à Dieu, à son suzerain, ou à sa dame.

Histoire et culture au temps de *Renart*

	Histoire	Culture	Les branches du *Roman de Renart*
1065		*La Chanson de Roland.*	
1095	(→ 1099) Première croisade et prise de Jérusalem.		
1115	Saint Bernard fonde Clairvaux.		
1137	Louis VII roi de France, époux d'Aliénor d'Aquitaine.		
1144	(→ 1146) Deuxième croisade. Grande famine en Occident.		
1152	Remariage d'Aliénor d'Aquitaine avec Henri II Plantagenêt, futur roi d'Angleterre.	Nivard de Gand : *Ysengrimus.*	
1159		Premiers fabliaux.	
1160		Marie de France : *Lais.*	
1162	Grande famine en Occident.		
1167		(→ 1189) Marie de France : *Fables.*	
1169		(→ 1170) Chrétien de Troyes : *Erec et Enide.*	
1170			
1174		(→ 1173) Thomas : *Tristan et Yseut.*	(→ 1177) Renart et Chantecler. Renart et la mésange. Renart et Tibert. Renart et Tiécelin. Le viol d'Hersent. Le serment de Renart.
1177		(→ 1180) Chrétien de Troyes : *Lancelot ou Le Chevalier à la charrette* et *Yvain, ou Le Chevalier au lion.*	
1178			Renart et les anguilles. Le puits. Le jambon enlevé. Renart et le grillon. Renart et Primaut.

Date	Histoire et société	Littérature et arts	Le Roman de Renart
1179			Tibert et l'andouille.
1180	Philippe Auguste, roi de France.	Béroul : *Tristan et Yseut*. Chrétien de Troyes : *Perceval, ou Le Conte du Graal*.	Tibert et les deux prêtres. Le jugement de Renart.
1181			(→ **1190**) Renart médecin.
1189	(→ **1192**) Troisième croisade.		Le duel judiciaire. Le pèlerinage de Renart.
1190			Les vêpres de Tibert. (→ **1195**) Le siège de Maupertuis. Renart teinturier, Renart jongleur.
1194		Cathédrale de Chartres.	(→ **1200**) La confession de Renart.
1195			Renart empereur.
1196	(→ **1197**) Grande famine en Occident.		Renart et Liétart. Heinrich der Glichesaere : *Reinhart Fuchs*. Le partage des proies.
Vers 1200		Jean Bodel : *Jeu de saint Nicolas*. Cathédrale de Bourges. Cathédrale de Rouen.	
1202	(→ **1204**) Quatrième croisade et prise de Constantinople.		
1205			La mort de Renart. (→ **1250**) Renart le noir. Pinçart le héron. La naissance de Renart.
1211		Cathédrale de Reims.	
1214	Bataille de Bouvines.		
1217	(→ **1221**) Cinquième croisade.		
1220		(→ **1230**) *Lancelot* en prose. Cathédrale d'Amiens.	
1223	(→ **1226**) Règne de Louis VIII.		
1225		(→ **1240**) Guillaume de Lorris : *Le Roman de la rose*.	
1226	Saint Louis, roi de France.		

Le roman de Renart

(Textes choisis)

Le jugement de Renart

Le roi a convoqué ses barons à la cour pour une assemblée plénière. Tous sont venus, obéissant à l'ordre de Noble, sauf Renart qui est resté à Maupertuis. Isengrin vient porter plainte devant le roi contre le goupil qui a violé sa femme et qui a humilié ses louveteaux. Après de nombreux débats, Noble prie Isengrin de retirer sa plainte afin de maintenir la paix dans le royaume.

Quand Isengrin entendit que le roi se préoccupait de la paix[1], il fut tout honteux et ne sut que faire ni à quoi se résoudre. Renart avait à présent bien de la chance, si Dieu y avait pris soin, car le roi était ainsi disposé que la paix aurait été faite, n'en déplaise aux mécontents, et que la guerre entre Renart et Isengrin

---

1. Le roi a signé un accord de paix interdisant toute guerre sur son territoire.

aurait bientôt pris fin sans l'arrivée devant la Cour de Chantecler, de Pinte, et de trois compagnes, pour se plaindre de Renart. Maintenant le feu est difficile à éteindre, car messire Chantecler le coq, et Pinte qui pond de gros œufs, ainsi que Noire, Blanche et Roussette, tirent une charrette bâchée avec une tenture; à l'intérieur gît une poule qu'elles apportent dans une bière[1] en forme de litière. Renart l'avait tellement maltraitée et défigurée à coups de dents qu'il lui avait brisé la cuisse et arraché l'aile droite. C'est au moment où le roi, las des procès, avait mangé à satiété, qu'arrivent les poules et Chantecler, frappant leurs paumes[2]. Pinte lance la première sa plainte, suivie des autres, en s'époumonant : «Par Dieu, disent-elles, nobles personnes, chiens, loups et toutes les races de bêtes, réconfortez cette malheureuse! Maudite soit l'heure de ma naissance! Mon père me donna cinq frères : Renart le brigand les a tous mangés. Ce fut une grande perte et un grand deuil. Du côté de ma mère, j'avais cinq sœurs, de jeunes poulettes, des jeunes filles; c'eût été de bien belles poules. Girard du Fresne les nourrissait; il les élevait pour en avoir des œufs. Le pauvre homme les engraissa pour son malheur, car Renart ne lui en laissa pas une seule sur les cinq : toutes passèrent dans sa gueule, et vous qui êtes là dans ce cercueil,

1. Bière : cercueil.
2. Frappant leurs paumes : manifestation de la douleur, geste de deuil.

ma douce sœur, mon amie chère, comme vous étiez tendre et dodue! Que deviendra votre sœur, la malheureuse, qui porte sur vous des regards désespérés? Renart, puisse la flamme infernale[1] te consumer! Tu nous auras tant de fois meurtries, poursuivies et tourmentées, tant de fois déchiré nos pelisses, tant de fois chassées dans nos enclos! Hier, à l'heure de none[2], près de ma porte tu m'as jeté le cadavre de ma sœur avant de t'enfuir dans une vallée. Le cheval de Girard n'était pas rapide, aussi ne put-il te rattraper. Je suis venue porter plainte contre toi, mais je ne trouve personne qui m'en fasse justice, car tu ne crains si peu que ce soit ni les menaces, ni la colère d'autrui.» La malheureuse Pinte, à ces mots, tombe évanouie sur le sol ainsi que toutes les autres, et, pour porter secours aux trois dames, chiens, loups et autres bêtes se sont levés de leurs bancs. Ils leur versent de l'eau sur la tête. Quand elles eurent retrouvé leurs esprits, comme nous le dit l'histoire, elles virent le roi assis et se jetèrent toutes à ses pieds, tandis que Chantecler s'agenouillant devant lui, baigna ses pieds de larmes. Le lion, devant ce spectacle, eut pitié du jeune homme. Il soupira profondément, rien au monde n'aurait pu l'en empêcher. Il dressa la tête, plein de courroux : il n'y avait absolument aucune bête, si

1. Flamme infernale : enfer.
2. L'heure de none : neuvième heure du jour, environ 15 heures.

hardie fût-elle, ni ours, ni sanglier, qui ne fût prise de terreur en entendant les soupirs et les cris de son seigneur. Couard le lièvre eut si peur que les fièvres ne le quittèrent pas de deux jours. Toute la Cour frémissait à l'unisson, même le plus courageux tremblait de peur : jamais ils n'avaient entendu pire colère que celle que manifestaient les hurlements de leur seigneur. Celui-ci dresse la tête, plein de courroux, et se démène avec une telle violence que toute la maison en résonne. Puis il tient ce discours : «Dame Pinte, dit l'empereur, par la foi que je dois à l'âme de mon père, à laquelle je n'ai pas encore fait d'aumône aujourd'hui, votre désarroi m'afflige beaucoup, mais je ne puis y remédier pour le moment. Je vais faire convoquer Renart dès que cette dépouille sera enterrée, ainsi, vous pourrez voir de vos propres yeux l'importance de la vengeance qui en sera tirée, car je serai d'une rigueur impitoyable envers cet homicide et ce dommage.» Isengrin, à ces mots, bondit immédiatement : «Seigneur, dit-il, ce serait un acte mémorable dont vous tireriez grand honneur, si vous parveniez à venger Pinte et sa sœur Coupée, que Renart a dévorée ainsi. Assurément je ne le dis pas haineusement, mais pour la poule qui est morte : je ne le fais pas par haine personnelle contre Renart.» L'empereur lui répond : «Cher ami, cette douleur que m'a causée Renart est loin d'être la première. À vous, aux autres souverains, je me plains, comme c'est mon devoir, de l'adultère et de l'outrage, de la trahison qu'il a commise à mon égard et de la paix qu'il a violée. Mais parlons d'autre chose. Seigneur Brun, prenez cette étole[1], et vous, seigneur Bruiant le taureau, recommandez l'âme de cette malheureuse. Là-bas, sous ces feuillages, creusez-moi sa sépulture[2] entre ce terrain plat et ce jardin, et ensuite nous penserons à autre chose. – Seigneur, dit Brun, à vos ordres.» Il va alors chercher l'étole et n'officie[3] pas seul : le roi en tête et toute l'assemblée commencent l'office des morts. Messire Tardif le limaçon lut à lui seul les trois leçons, Roonel chanta les versets et prononça l'oraison avec Brichemer le cerf et Brun l'ours, pour que Dieu sauve son âme de l'infernale prison. Quand la vigile[4] fut terminée, et c'était déjà le matin, ils portèrent le corps en terre après l'avoir enfermé dans un riche cercueil de plomb, le plus somptueux que l'on ait jamais vu. Ils l'inhumèrent sous un arbre et le recouvrirent d'une dalle de marbre : on inscrivit le nom de la dame et son histoire sur la tombe ; on y porta une épitaphe[5], au ciseau ou au burin, je ne sais : «Sous cet arbre, en ce terrain plat, ci-gît Coupée, la sœur de Pinte. Renart, qui est pire de jour en

1. Étole : bande d'étoffe que le prêtre porte autour du cou.
2. Sépulture : tombe.
3. Officier : célébrer une cérémonie.
4. Les leçons, les versets et la vigile sont des textes religieux.
5. Épitaphe : inscription portée sur un tombeau.

jour, lui fit subir de ses dents un grand martyre. » Si vous aviez vu alors Pinte pleurer, maudire Renart et le vouer à tous les diables, et Chantecler tendre ses pattes, vous en auriez éprouvé beaucoup de pitié. Quand l'enterrement fut achevé, le deuil fut quelque peu oublié. « Empereur, dirent les barons, vengez-nous donc de ce brigand qui nous a fait tant de guerres et qui a tant de fois violé la paix ! – Volontiers, répondit l'empereur. Allez-y donc en mon nom, Brun l'ours, vous n'avez rien à craindre de lui. Dites à Renart de ma part que je l'ai attendu trois jours entiers. – Seigneur, dit Brun, avec grand plaisir. »

Il s'en va alors, chevauchant l'amble dans une vallée cultivée. Brun progresse sans prendre de repos. Pendant ce temps se produisit à la Cour un événement qui accabla encore davantage Renart : Coupée se mit à faire des miracles. En effet messire Couard le lièvre, que les fièvres faisaient trembler de peur depuis deux jours, s'en est trouvé guéri, grâce à Dieu, sur la tombe de dame Coupée, car lorsqu'on l'eut enterrée il refusa de quitter les lieux et dormit sur la dalle de la martyre. Et quand Isengrin apprit que celle-ci faisait pareils miracles, il déclara qu'il avait mal à l'oreille. Roonel lui donna le bon conseil d'aller dormir sur la tombe : il fut aussitôt guéri, à ce qu'il dit. Mais, si ce n'avait été matière de foi, dont nul ne doit douter, et sans le témoignage de Roonel, la Cour n'y aurait vu que mensonge. Quand la nouvelle se répandit à la Cour, beaucoup s'en réjouirent, mais nullement Grimbert, qui se faisait le défenseur de Renart avec Tibert le chat. Si Renart ne sait pas user de fourberie, il lui en cuira si on s'empare de lui, car Brun l'ours vient d'arriver à Maupertuis, son repaire, par un raccourci à travers les broussailles. Sa grande taille l'obligea à rester à l'extérieur. Il s'approcha de la barbacane[1], tandis que Renart était dans la tour bise[2]. Pour se reposer il s'était retiré au fond de sa tanière. Il avait confortablement garni son garde-manger d'une grosse poule bien dodue, et avait déjeuné le matin avec la cuisse d'un lapin gras. Il prend ainsi du repos et se prélasse. Mais voici Brun devant la barrière : «Renart, dit Brun, répondez-moi ! Je suis Brun, porteur d'un message du roi. Venez me rejoindre dans cette lande, je vous dirai ce qu'il vous commande.» Renart sait bien que c'est l'ours, il l'a reconnu à sa démarche. Il se demande aussitôt comment il va lui chercher querelle. Il se met en peine de réfléchir à la façon dont il va le moquer.

«Brun, dit Renart, mon très cher ami, combien vous a causé de tourment celui qui vous a fait franchir cette montagne ! J'avais l'intention de me rendre à la Cour, mais je voulais auparavant me régaler d'une succulente spécialité française. Seigneur

1. Barbacane : rempart qui permet de défendre une porte ou un pont.
2. Tour bise : tour en pierres grises.

Brun, vous le savez bien, à la Cour on dit au puissant dès son arrivée : "Seigneur, lavez-vous les mains." Il a tout ce qu'il lui faut, celui qui lui tient les manches. Ils ont d'abord du bœuf à l'ail, viennent ensuite les mets somptueux dès que le seigneur les désire, mais le pauvre qui ne possède rien est fait de la merde du diable : on ne le prie pas de s'asseoir près du feu, ni à la table d'honneur; il lui faut manger sur ses genoux, au milieu des chiens qui lui arrachent le pain des mains. Ils attendront pour rien, c'est sans importance, qu'on les serve deux fois à boire, assurément il n'y aura pas de seconde fois. Les valets rongent les os qu'ils vous donnent, qui sont plus secs qu'une aile. Chacun tient son pain serré dans son poing, car tous, sénéchaux[1] et cuisiniers, sont coulés dans le même moule. Souvent les seigneurs manquent de ce dont la piétaille[2] regorge. Puissent-ils être tous jetés au feu ! Ils se mettent dans la manche la viande et le pain pour les donner à leurs putains ! C'est pour cette raison, très cher seigneur, que j'ai dès midi rassemblé tous mes mets et que je m'en suis régalé : j'ai mangé ainsi pour six deniers d'excellents gâteaux de miel nouveau. – *Nomini patre, Christum file*[3], dit Brun, par le doux corps de saint

1. Sénéchaux : intendants chargés de l'administration des biens; ils ont souvent mauvaise réputation au Moyen Âge.
2. Piétaille : ceux qui vont à pied; l'infanterie.
3. *Nomini Patre, Christum file* : formule latine déformée qu'on peut traduire : «Au nom de Notre-Seigneur et de Son Fils Jésus-Christ».

Gilles, Renart, ce mets dont tu as abondance est la chose du monde que mon pauvre ventre désire le plus ardemment. Ah! donnez-m'en donc, très cher seigneur, au nom de Dieu, *mea culpa*[1]!» Et Renart lui fait une grimace, tout heureux de le tromper. Mais le malheureux ne s'aperçoit pas que l'autre est en train de le berner. «Brun, dit Renart, si j'étais sûr de pouvoir te faire confiance, d'être en sécurité et d'avoir ton appui, par la foi que je dois à mon fils Rovel, je te remplirais bientôt le ventre de miel frais et nouveau. Car là, en face, dès l'orée du bois de Lanfroi le forestier… Mais qu'importe! Cela n'en vaut pas la peine, car si je vous y conduisais maintenant et me préoccupais de votre intérêt, vous en profiteriez pour me nuire. – Que dites-vous, seigneur Renart? N'avez-vous donc aucune confiance en moi? – Assurément. – Que redoutez-vous? – Je le sais bien : un coup en traître, une perfidie. – Renart, vous m'insultez en me calomniant de cette façon! – Je ne recommencerai plus, n'ayez aucune crainte, je n'ai aucun grief contre vous. – Ce n'est que justice, car, depuis que j'ai fait hommage à Noble le lion, j'ai abandonné tout désir d'être envers vous traître et trompeur. – Je vous en fais crédit, répondit cette canaille, je n'en demande aucune assurance, je m'en remets à votre sincérité.»

1. *Mea culpa!* : formule latine : «J'avoue ma faute et m'en repens.»

Brun s'accorde en tout point à ces paroles, et les voilà en route. Ils ne retinrent pas leur cheval avant d'être arrivés au bois de Lanfroi le forestier. C'est là qu'ils arrêtèrent leurs destriers[1]. Lanfroi, qui entretenait les bois, avait commencé à fendre un chêne dont il voulait tirer des planches pour faire des tables de grande largeur. Le charpentier y avait disposé deux gros coins de chêne, dont l'un pendait vers le bas et l'autre derrière pour faciliter le travail. «Brun, dit Renart, très cher ami, voici ce que je t'ai promis : la ruche se trouve dans ce chêne. Mangeons vite, ensuite nous irons boire ! J'y parviendrai avec un bout de bois.» Et pendant que Brun l'ours mettait son museau dans le chêne avec ses pattes de devant, Renart alla enlever le coin en le relevant en l'air. Il s'écarta et sermonna l'ours : «Canaille, dit-il, ouvre la bouche, ta langue l'atteint presque ! Fils de pute, ouvre ta gueule !» Il se moque bien de lui et lui joue un bien mauvais tour, car il n'y a ni miel ni rayon. Pendant que Brun s'affaire, Renart a empoigné les coins et les a ôtés non sans peine. Quand il eut retiré tous les coins, la tête et les flancs de Brun étaient prisonniers du chêne. Le malheureux fut alors au supplice : sa peau s'étirait et s'arrachait vers le haut, il était sur le point de défaillir. Renart l'avait mis dans une situation bien fâcheuse, lui qui n'a jamais été à

---

1. Destriers : chevaux de bataille.

confesse et n'a jamais fait le moindre bien ni la moindre aumône. Il s'écarte et le couvre de sarcasmes : «Brun, dit-il, je savais bien – et vous dépensez des trésors de ruse ! – que je n'avais aucune chance d'en manger : je sais bien ce que je ferais si j'avais à le faire. Quelle canaille vous êtes, vous qui ne me donnez pas de ce miel ! Hélas ! Comme vous seriez prompt à me conduire à l'hôpital de Saint-Gilles, si je tombais dans la misère ! J'aurais vite droit à des poires blettes !» Sur ces mots surgit messire Lanfroi le forestier : Renart prend la poudre d'escampette. Dès que le paysan vit Brun pendu au chêne qu'il devait achever de fendre, il retourna à toutes jambes au village en s'écriant : «Seigneurs, l'ours est là, dehors ! nous allons pouvoir nous emparer de lui !» Vous auriez vu les paysans sortir et se précipiter tous ensemble dans la rue ! L'un porte un manche, l'autre une massue, l'un un fléau, un autre un bâton d'aubépine. Brun trembla de peur pour son échine. [...] Quand l'ours aperçoit ces paysans, il tremble et pense au fond de lui-même qu'il vaut mieux pour lui perdre son museau que de tomber entre les mains de Lanfroi. Il a tant tiré, avec de telles souffrances, que sa peau s'étire, les veines se rompent, il défaille, sa tête se brise ; il perd une grande quantité de sang et laisse sur place la peau de ses pattes et de sa tête : on n'a jamais vu bête si horrible. Son museau est couvert de sang, il n'a plus de peau sur le visage. Il s'enfuit à travers bois, et les vilains le poursuivent en poussant des cris. L'ours se réfugie près d'un rocher. Le prêtre de la paroisse, qui était le père de Martin d'Orléans, revenait de répandre son fumier. Il le frappa en plein sur les reins, et il y avait tant d'autres paysans qui le battaient à qui mieux mieux qu'il en réchappa de justesse. Sans mentir, Renart sera perdu si Brun l'ours parvient à l'atteindre, mais il a entendu ses gémissements de loin, et il est rentré par un chemin de traverse à Maupertuis, sa forteresse, où il ne craint ni armée ni embuscade. Au moment où Brun le dépasse, Renart lui décoche ses sarcasmes : «Brun, dit-il, as-tu profité, cher ami, du miel de Lanfroi que tu as mangé sans moi? Ton manque de parole te perdra! Certes, il t'en cuira : aucun prêtre ne voudra t'assister dans tes derniers moments. À quel ordre veux-tu appartenir, avec ton chaperon rouge[1]?» L'ours était si accablé de douleur qu'il ne répondit mot : il s'enfuit au grand galop. Il redoutait encore de tomber entre les mains du prêtre et des paysans.

Brun a parcouru, en courant, tant de chemin qu'avant midi sonnant il est revenu à la carrière où le lion tenait sa cour plénière. Il tombe évanoui sur le pavement : le sang lui dégouline du visage, et il

---

1. Chaperon rouge : au Moyen Âge, on distinguait l'ordre des moines blancs et celui des moines noirs. Ici Renart demande à Brun à quel ordre il veut appartenir, lui qui porte la couleur rouge de ses blessures.

n'a plus d'oreilles. Ce spectacle plonge la Cour dans la stupeur : «Brun, dit le roi, qui t'a fait cela? Il t'a affreusement ôté ta coiffe! – Roi, répondit-il, c'est Renart qui m'a mis dans l'état que vous pouvez voir.» Il se jette alors à ses pieds. Ah! si vous aviez vu le lion pousser des cris et s'arracher les crins de fureur! Il jure par le cœur et la mort de Jésus : «Brun, dit le roi, Renart t'a tué, tu n'en obtiendras à mon avis nulle miséricorde! Mais, par la mort et par les plaies de Jésus, j'en tirerai une vengeance si implacable qu'on en parlera jusqu'en France! Où êtes-vous, Tibert le chat? Allez vite de ma part chercher Renart. Dites en mon nom à ce vil rouquin qu'il vienne immédiatement me faire droit dans ma grande salle, devant ma Cour, et qu'il n'apporte ni or, ni argent, ni discours pour assurer sa défense, mais la corde pour le pendre par la gueule.» Tibert n'ose refuser, mais, s'il avait pu se récuser, le sentier n'aurait pas encore vu ses pattes. Cependant, bon gré mal gré, le prêtre doit aller dire la messe, et Tibert s'en va en prenant la voie de gauche. À force d'éperonner sa mule au fond d'une vallée, il arrive à la demeure de Renart. […] Il redoute et craint tellement Renart qu'il n'ose pénétrer dans sa demeure. Il lui tient son discours de l'extérieur, mais il n'y gagnera rien : «Renart, dit-il, très cher compagnon, dis-moi, es-tu donc là?» Renart marmonna entre ses dents, à voix basse pour n'être entendu de personne :

«Tibert, puissiez-vous être entré sur mon territoire pour votre tristesse et pour votre malheur! C'est ce qui vous arrivera, si j'ai assez d'habileté.» Puis il répond à haute voix : «Tibert, *welcome*! comme si vous reveniez tout juste de Rome ou de Saint-Gilles, ou comme si c'était le jour de la Pentecôte soyez le très bienvenu!» car il ne lui coûtait rien de faire le beau parleur, et il le salue avec humilité. Tibert lui dit avec bénignité[1] : «Renart, n'y voyez pas d'outrage, je suis venu vous trouver de la part du roi. Ne croyez pas que j'éprouve de la haine à votre égard : c'est le roi qui vous hait au plus haut point et qui vous menace, car Brun, et Isengrin le cocu, et le monde entier se plaignent de vous. – Tibert, n'en parlons plus! Vous pouvez aborder d'autres sujets. Je vivrai tant que je pourrai. J'irai à la Cour et j'écouterai quiconque voudra m'accuser de quoi que ce soit. – Ce sera d'une grande sagesse, cher seigneur, et je vous conseille de le faire parce que j'ai une grande amitié pour vous. Mais pour le moment j'ai une faim de loup, au point d'avoir le dos qui fléchit. Auriez-vous un coq, ou une poule, ou autre chose à manger? – Tibert, vous êtes trop difficile, lui répond Renart : des quantités de souris et de rats, vous n'en mangeriez pas, je crois. – Si, au contraire! Jamais je ne m'en lasserai! – Eh bien, je vous en donnerai en

1. Bénignité : douceur.

abondance au matin, au soleil levant. Suivez-moi donc, je vous précéderai!»

Renart sort de sa tanière, suivi par Tibert qui n'y voit pas malice. Ils arrivent rapidement à un village qui ne comporte qu'une vingtaine de maisons. «Tibert, savez-vous ce que nous allons faire? dit Renart : ici demeure un prêtre dont je connais parfaitement la maison. Il a beaucoup de froment et d'avoine, mais les souris lui font de grands ravages : elles lui en ont mangé plus d'un muid[1]. Je me trouvais là, il n'y a pas bien longtemps, et je me suis mis en chasse : j'en ai attrapé dix. J'en ai laissé une partie dans mon garde-manger, et j'ai croqué les autres aujourd'hui. Voici le passage par où j'y entre : franchis-le, et rassasie ton ventre!» Mais le trompeur lui mentait, car le prêtre qui résidait là n'avait ni orge ni avoine, et il s'en moquait bien. Tout le village le détestait à cause d'une putain qu'il entretenait, car elle l'avait ruiné (c'était la mère de Martin d'Orléans), si bien qu'il n'avait ni bœuf, ni vache, ni aucun autre bétail à ma connaissance, seulement dix poules d'une même parenté. Renart lui avait subtilisé trois poules et un coq. Et Martin, qui depuis a pris le froc[2] et qui est devenu moine par la suite, avait tendu un piège dans le trou pour prendre Renart

1. Muid : mesure de grains.
2. Prendre le froc : expression qui désigne le fait de devenir moine, car le froc est une partie de l'habit du moine qui couvre la tête.

le goupil. Que Dieu préserve pour le prêtre un tel fils, qui s'entend si bien en ruse pour capturer renards et chats! Renart, bien sûr, avait flairé le piège, mais il n'en souffla mot à son compagnon. «Tibert, avance! dit Renart, eh! merde, comme tu es peureux! Je vais faire le guet dehors, de ce côté.» Et Tibert s'élance. Mais il n'y trouve ni froment ni orge, et les lacets lui serrent la gorge. Tibert le chat tire en tous sens, mais le lacet le retient par le cou. Il cherche à s'échapper, mais c'est inutile, car Martinet, le brave clerc, bondit: «Debout! debout! fait-il, cher père! De l'aide, de l'aide, chère mère! allumez la chandelle, le renard est pris au lacet!»

La mère de Martinet s'éveille, bondit, allume la chandelle: le prêtre, sa couille dans une main, prend une quenouille[1] dans l'autre et saute immédiatement du lit. Tibert subit alors un rude assaut: il reçoit une volée de cent coups avant de quitter les lieux. Le prêtre et sa concubine frappent, mais Tibert a la dent acérée. Il vise la couille du prêtre, comme l'histoire le raconte. Avec ses dents et ses ongles tranchants il lui a arraché un de ses pendentifs. Lorsque la dame constata cette perte irrémédiable et incontestable, elle se traita trois fois de malheureuse avant de s'évanouir à la cinquième. Tandis que Martin se lamentait devant la pâmoison de sa mère, Tibert tran-

---

1. Quenouille: bâton garni en haut d'une matière textile que les femmes utilisaient pour tisser.

cha les lacets avec ses dents : ainsi le chat s'échappa. Il a été bien maltraité, mais au bout du compte il s'est bien vengé du prêtre qui l'avait ainsi frappé. Dieu! Comme il aimerait se venger de Renart s'il pouvait en triompher! Mais ce trompeur, depuis l'instant où Martin a crié : «Debout!», n'a pas eu envie de rester : il s'est enfui vers sa tanière, tandis que l'autre restait pour essuyer les coups. Si vous aviez entendu Tibert le chat maudire Renart et sa fourberie! «Hélas! dit-il, Renart, Renart, Dieu n'accueille jamais votre âme! J'avais bien besoin d'une leçon, moi qui ne cesse d'essuyer les ruses de ce rouquin de Renart! Quant au prêtre, ce méchant cocu, que Dieu le plonge dans le malheur et lui retire son pain, à lui et à sa femme, la sale putain qui m'a livré un pareil assaut! Mais il a perdu un de ses pendentifs : j'ai bien vengé sa paroisse, il ne peut plus sonner les deux cloches! Et Martin, son fils d'Orléans, malheur à lui, qui ce matin m'a donné cette correction; puisse-t-il ne pas vivre assez longtemps pour devenir moine, et être pendu comme voleur!» Ses lamentations ont duré tant et si bien qu'il est arrivé dans la vallée, à la Cour où siège le roi. Dès qu'il le voit, il se prosterne à ses pieds et lui raconte ces nouvelles stupéfiantes. «Dieu! dit Noble, viens à mon secours! Voilà une bien incroyable diablerie de Renart, qui ainsi me déshonore, et je ne puis trouver personne qui me venge de ce dommage. Seigneur Grimbert, je me demande bien si ce n'est pas à votre instigation que maître Renart me marque ainsi son mépris. – Je vous jure que non, seigneur ! – Allez donc vite le trouver, amenez-le, et gardez-vous bien de revenir sans lui.

– Seigneur, c'est impossible. Renart est tellement vicieux, que je sais bien que je pourrai jamais l'amener si je ne suis pas porteur d'une lettre de vous. Mais s'il voit votre sceau[1], par la foi que je porte à saint Israël, il ne fera aucune objection. Je suis convaincu qu'alors il m'accompagnera. – Tu as raison», dit l'empereur. Il dicte alors le message, Baucent le sanglier transcrit fidèlement et met le sceau sur la lettre, qu'il remet ensuite à Grimbert. Après quoi celui-ci s'en va à travers champs et pénètre dans un grand bois. Il sue à grosses gouttes avant d'arriver à la résidence de Renart. Il trouve, tout près de son essart, un sentier qui le mène à bon port : il est chez Renart avant la nuit. Les murs et les défilés sont hauts. Grimbert entre dans la première enceinte par la petite porte dont il connaît l'existence. Renart, qui redoute une attaque lorsqu'il entend le blaireau entrer, tient à rester près de sa demeure jusqu'à ce qu'il sache ce qui se passe. Voilà Grimbert entré dans le château. À la façon dont il a fait descendre le pont-levis, à sa manière de se cacher et de s'intro-

1. Sceau : cachet officiel qui porte la marque du souverain.

duire, en entrant dans la tanière le cul en avant, la tête ensuite, Renart l'a parfaitement reconnu avant même qu'il ne soit arrivé près de lui. Il lui fait grande fête et grande joie, lui passe les bras autour du cou; comme c'était son cousin, il le fit asseoir sur deux coussins. Grimbert fit montre, à mon sens, d'une grande sagesse en ne transmettant pas son message avant d'avoir mangé à loisir. Lorsque le repas fut terminé : «Seigneur Renart, dit Grimbert, votre fourberie est trop manifeste. Savez-vous ce que le roi vous fait savoir? Il ne demande pas, il ordonne que vous veniez lui faire droit dans sa résidence, où qu'il se trouve. Votre guerre ne prendra-t-elle jamais fin? Que reprochez-vous à Isengrin, à Brun l'ours, ou à Tibert le chat? Votre tromperie vous perdra! Si vous ne changez pas d'attitude, vous n'y gagnerez que la mort, vous et toute votre descendance. Tenez donc, brisez ce sceau : prenez connaissance du contenu de cette lettre.» La canaille tremble et frémit. Il brise le sceau avec terreur, lit la lettre, et soupire dès les premiers mots. Il sut parfaitement la lire en entier :

«Monseigneur Noble le lion, qui dans toutes les régions est roi et seigneur des bêtes, promet à Renart honte, supplices, guerre à outrance et de terribles représailles s'il ne se présente immédiatement devant lui pour se soumettre à son jugement devant ses vassaux. Qu'il n'apporte ni or, ni argent, ni discours pour sa défense, mais seulement la corde pour le pendre par la gueule.» Quand Renart apprit cette nouvelle, son cœur défaillit dans sa poitrine, son visage s'assombrit : «Pour Dieu, dit-il, Grimbert, pitié! Secourez ce malheureux affligé! Ah! pourquoi ai-je tant vécu? Demain je serai pendu! Dieu, que ne suis-je à présent moine à Cluny ou à Clairvaux. Mais les moines me paraissent hypocrites, et je crains qu'il ne m'arrive malheur, si je fais en sorte d'en devenir un.» Grimbert répond : «Ne vous en souciez pas. Votre vie ou votre mort se jouent demain. Pendant que vous êtes libre, confessez-vous rapidement à moi, nous partirons avec l'esprit plus tranquille. – Seigneur Grimbert, dit Renart, voilà un bon conseil, et habile, car si je me confesse à vous avant les affres du procès, il ne peut m'en venir aucun mal : si je meurs, j'en serai plus facilement sauvé.

«Écoutez donc mes péchés. Seigneur, j'ai fauté avec Hersent, l'épouse d'Isengrin. [...] J'ai causé un tel tort à Isengrin qu'il m'a traîné en justice. Dieu en sauve mon âme! Par trois fois je l'ai fait prendre, je vais vous dire comment. Je l'ai fait tomber dans le piège à loups, le jour où il dévora un agneau : on lui a tant battu le cuir qu'il a pris une volée de cent coups avant de s'extraire de la fosse. Je l'ai fait installer dans la bergerie : les bergers qui l'y découvrirent le frappèrent comme on bat un âne pour lui faire passer un pont. Je savais qu'un prêtre, dans une église, avait amassé dix jambons : je lui en fis tellement manger qu'il ne pouvait plus sortir, en vérité, par le trou par où il était entré. Je l'ai fait asseoir sur la glace, jusqu'à ce que sa queue fût gelée. Je l'ai fait pêcher dans la fontaine une nuit de pleine lune en lui faisant croire que le reflet de cette blanche image était un fromage. Enfin je l'ai trompé une nouvelle fois devant la charrette aux poissons[1]. Cent fois, je l'ai accablé et fait mat en usant de la force ou de la ruse. Je parvins même à le faire moine, puis il déclara qu'il était chanoine[2] quand on le vit manger de la viande. On aurait bien dû l'écorcher pour cela ! Je ne saurais vous raconter en un jour tous les torts que je lui ai causés. J'ai fait tomber Tibert dans des lacets en lui faisant croire qu'il mangerait des rats. De tout le lignage de Pinte, sauf elle-même et sa tante, il ne reste coq ni poule dont je n'aie fait mes délices.

«Quand devant mon terrier se présenta l'armée des sangliers, des vaches, des bœufs et d'autres bêtes bien équipées qu'Isengrin avait amenées pour mettre fin à cette guerre, j'ai recruté Roonel le mâtin. Ils furent une bonne trentaine de compagnons, des chiens, des chiennes, des mâtins, à être couverts de

---

1. Le récit de Renart fait référence à d'autres branches : «La pêche à la queue», «Le vol des anguilles…».
2. Chanoine : haut dignitaire de l'Église.

coups et de plaies, et ils furent bien mal payés, car je retins une partie de leur solde : lorsque les armées furent réunies, par ruse et par moquerie j'ai subtilisé toute la solde ! Lorsqu'ils sont partis je leur ai tiré la langue. À présent je m'en repens, *mea culpa !* J'ai causé du tort au monde entier, j'en suis affligé et repentant. Je veux maintenant faire pénitence[1] pour tout ce que j'ai fait dans ma jeunesse.

– Seigneur Renart, répondit Grimbert, vous m'avez énuméré vos péchés, tous ces crimes que vous avez commis. Si Dieu vous permet de réchapper de ce procès, gardez-vous bien de rechuter !
– Puisse Dieu ne pas me haïr, dit Renart, au point que je commette le moindre méfait qui me ferait détester ! » Et il accorda tout ce que voulait l'autre. Il s'agenouilla quand l'autre lui donna l'absolution[2], moitié en français, moitié en latin. Et Renart, le lendemain matin, embrassa sa femme et ses enfants. La séparation fut très douloureuse. Il prit congé de sa maisonnée : « Mes enfants, dit-il, noble lignée, quoi qu'il puisse m'advenir, prenez soin de tenir mon château. Il vous protégerait contre le monde entier, car vous ne trouverez pas de sitôt prince, comte ou capitaine qui vous fasse le moindre tort. Si vous tenez fermé le pont-levis, personne ne vous causera de dommage, car vous avez assez de ravitaillement :

1. Pénitence : profond regret dans l'intention de réparer ses fautes.
2. Absolution : effacement de la faute par le pardon.

vous en avez, à mon avis, pour plus d'un an. À quoi bon vous nommer l'un après l'autre? Je vous recommande tous à Dieu; puisse-t-il me laisser revenir comme je le souhaite.» Alors il frappa du pied le seuil. Au moment de quitter définitivement sa tanière, il commença sa prière : «Dieu Tout-puissant, dit Renart, accorde ta protection à mon savoir et à ma sagesse : que je ne les perde pas devant le lion, mon suzerain, quand Isengrin m'accusera. Permets-moi de me justifier de tout ce qu'il me demandera, soit en niant, soit en plaidant ma cause. Laisse-moi revenir sain et sauf, que je puisse me soulager le cœur contre ceux qui ont ouvert les hostilités contre moi.» Renart alors se prosterna, se déclara trois fois coupable, puis fit le signe de croix par crainte du diable et de Monseigneur Noble le lion; il était plongé dans la détresse.

Les barons s'en vont donc à la Cour, traversent la rivière et franchissent les défilés de la montagne, puis parviennent dans la plaine. Pendant que Renart se lamente, tous deux ont perdu leur sentier et la grand-route. Cependant ils ont tant cheminé qu'ils sont arrivés dans une plaine, près d'une grange appartenant à des religieuses. La ferme était bien pourvue de toute sorte de produits de la terre, d'oies et d'autres animaux domestiques, et Renart s'exclama : «Dirigeons-nous vers cette ferme où il y a des poules. Là, du côté de ces épineux, se trouve le chemin que nous avons perdu. – Renart, Renart, dit le blaireau. Dieu sait bien ce qui vous fait parler. Fils de pute, hérétique[1] endurci, ne vous êtes-vous donc pas confessé à moi ? À présent, vous voulez retomber dans le péché, après avoir crié merci à Dieu ? » Renart l'avait déjà oublié : « Partons, vous m'y voyez tout prêt. – Renart, Renart, c'est inutile, sale parjure, sale renégat, vous êtes incorrigible ! Dis-moi, créature insensée : tu es en danger de mort, tu t'es confessé, et pourtant tu veux commettre un meurtre ? Certes, tu es la proie d'un grand péché ! Vraiment maudite soit l'heure où ta mère t'a mis au monde ! Ton père doit être au désespoir de t'avoir engendré sous une étoile qui te fait maudire par le monde entier ! » Tous deux vont l'amble agréablement, et Renart n'ose manifester d'autres sentiments à cause des remontrances de son cousin, mais cependant il lorgne souvent droit dans la direction des poules : il est triste de s'en éloigner ainsi. Il les aurait matées, si Grimbert le blaireau n'avait pas été là.

Donc les barons cheminent ensemble. Dieu ! comme la mule de Grimbert va bien l'amble ! Mais le cheval de Renart trotte ; le cœur lui bat dans la poitrine, il redoute terriblement son maître, plus qu'il ne l'a jamais fait. Ils ont tant et si bien voyagé à travers plaines, à travers bois, à l'amble et au galop, et fran-

---

1. Hérétique : celui qui ne suit pas les dogmes, les lois de l'Église.

chi la montagne, qu'ils sont arrivés dans la vallée qui descend tout droit vers le lieu où se tient la Cour. Ils passent le pont et entrent dans la grande salle. Dès que Renart pénètre au milieu de la Cour, il n'y a bête qui ne se prépare à formuler sa plainte ou à répondre. Renart ne va plus tarder à être confondu. Il ne repartira pas sans avoir été malmené, car Isengrin aiguise ses crocs, Tibert le chat se prépare, comme Brun, qui avait la tête toute vermeille, et Chantecler ne perd pas son temps, ni Roonel qui de son côté le guette du coin de l'œil. Mais, qu'on l'aime ou qu'on le haïsse, Renart ne se montre pas couard : il prend la parole au milieu du palais, la tête haute : «Roi, dit Renart, je vous salue comme celui qui vous a été plus utile que tous les barons de l'empire : on a tort si l'on me dénigre auprès de vous. Je ne sais si c'est à cause de mon étoile, je n'ai jamais été un jour entier bien assuré de votre amour. J'ai quitté la Cour avant-hier avec votre congé et votre affection, sans irritation et sans protestations. À présent, les médisants qui veulent se venger de moi ont tant fait que vous m'avez mal jugé. Mais à partir du moment, sire, où un roi s'attache à croire ses mauvais sujets et ignore ses grands barons, lâchant la tête pour la queue, eh bien ! son royaume périclite[1], car ceux qui sont de nature servile ignorent le sens de la mesure. S'ils peuvent

1. Son royaume périclite : il décline, s'appauvrit.

s'élever à la Cour, ils épuisent leurs forces à accabler autrui, car à la cuisine chien affamé ne se soucie pas de son voisin. Ceux-là font périr les pauvres gens et changer le cours de la monnaie. Ils encouragent à faire le mal, mais ils savent parfaitement en tirer profit et empocher le bien d'autrui. Mais je voudrais bien savoir ce que Brun et Tibert me reprochent. Il est vrai que, si le roi l'ordonne, ils peuvent me causer du tort, bien que je ne leur aie fait aucun dommage, et qu'ils soient incapables de donner des explications. Si Brun a mangé le miel de Lanfroi et que le paysan l'a mis à mal, pourquoi ne s'est-il pas vengé sur lui? Si messire Tibert le chat a croqué les souris et les rats, si on l'a traité outrageusement quand on l'a attrapé, Dieu saint! en quoi cela me concerne-t-il? Je ne suis encore ni prévôt[1], ni maire, pour qu'il puisse se plaindre de moi! Veulent-ils donc m'accuser des affaires qu'ils sont incapables de résoudre? Pour Isengrin, je ne sais que dire: dans cette affaire, je ne puis me justifier; mais puisqu'elle[2] n'a pas porté plainte, qu'il n'y a pas eu de violence, de porte brisée ni d'atteinte à la paix, si elle me chérit et m'aime, de quoi ce stupide jaloux se plaint-il? Est-il juste que l'on me pende pour cela? Non, assurément, Dieu m'en protège! Roi juste, est-ce la récompense de la fidélité, du respect et de

1. Prévôt: officier ou magistrat de l'État.
2. Elle: désigne Hersent la louve.

l'amitié que je vous ai tant manifestés, que vous me donnez là si durement? Je suis vieux, sans force, et je ne suis plus en état de plaider : c'est un péché de me convoquer à la Cour, mais lorsque mon suzerain l'ordonne, il est bien juste que je m'y rende. Maintenant je suis devant lui : qu'il me fasse saisir, brûler vif ou pendre! Je ne veux pas m'opposer à ses décisions, et d'ailleurs je n'en aurais pas la force. Mais ce serait une pauvre vengeance. Si je meurs ici sans avoir été jugé, on en jasera longtemps.

— Renart, Renart, dit l'empereur, maudites soient l'âme de ton père et la putain qui t'enfanta sans avoir avorté! Dites-moi donc, sale traître, pourquoi vous mentez si facilement? Vous savez habilement flatter et plaider, mais rien ne pourra vous sauver, ni les fleurs ni les couleurs de rhétorique[1]. Vous seriez très fort en physique si vous nous échappiez ainsi, car à présent vous mordez la poussière. Inutile de prendre de la graisse de chat : votre tromperie prendra fin aujourd'hui. Inutile de jouer les audacieux : aujourd'hui cessera votre renardie. Que l'on ne me donne plus jamais l'absolution, s'il ne vous arrive pas aujourd'hui ce que je vous ai promis! — Seigneur, dit Grimbert le blaireau, si nous nous inclinons devant votre volonté, pour nous soumettre à la justice et au droit comme l'exigent la raison, la sagesse et la mesure, vous ne devez

---

1. Les couleurs de rhétorique : expression qui désigne l'art de persuader par le langage.

pas nous traduire en justice, mais faire la paix et trouver un arrangement avec votre baron au moyen d'un arbitrage, fondé sur un serment judiciaire. Écoutez-moi, si vous le voulez bien : Renart est venu avec un sauf-conduit pour se soumettre à la justice et donner dédommagement pour tout ce qu'on lui reprochera, si jamais quelqu'un intente une action contre lui et que vous déférez à son vœu par votre grâce.»

Avant que Grimbert eût achevé son discours, Isengrin se leva de son siège, ainsi que le mouton, messire Belin, Tibert le chat, Roonel, messire Planteneau le daim, Brun, qui avait essuyé son visage, et messire Brichemer le cerf. Quand le conseil fut réuni, Renart le roux frémit de tous ses membres. Il sait bien que sa mort est jurée, qu'il n'y a plus rien à faire. Il voudrait se trouver à Maupertuis, dont il barricaderait la porte; si maître Grimbert, Brun l'ours, maître Tibert et monseigneur Noble le lion s'y présentaient à nouveau, toute leur troupe ne pourrait le faire sortir de sa tanière, tant sa tour est puissante et haute. Mais à présent Renart est pris au collet, et il sait bien que ce n'est pas pour rire, car il lui est impossible de se disculper sur quoi que ce soit. […]

Tous s'écrient : «Au gibet! Pendons tout de suite Renart! Sa ruse ne le protégera plus, jamais il ne s'échappera d'ici!» L'assemblée se réunit. On bande les yeux à Renart, et on le conduit au gibet[1] pour le

---

1. Gibet : potence.

pendre. Hélas! il ne peut se défendre! Il se serait volontiers échappé pour rentrer à Maupertuis, où il aurait été confortablement installé! Mais il ne le peut, tant qu'il ne plaît à Dieu.

Renart est maintenant pris et attaché. Dieu! Quelle joie est celle d'Isengrin, et de Pinte, et de Chantecler le coq! Ils pensent être désormais tranquilles, mais s'il pouvait se tirer de ce mauvais pas, il les ferait de nouveau danser. Tel serait à terre la gueule ouverte qui fait à présent le fier, ou se lamenterait sur sa selle. Tel ne lui accorde même pas la valeur d'une cenelle[1], qu'il fera encore pleurer s'il peut s'échapper de là. Grimbert est au supplice : il pleure et soupire pour son cousin. Il s'est présenté devant le roi : «Seigneur, je vous en fais le serment solennel[2], et je vous en donnerai des gages, Renart ne causera plus de tort à personne de toute sa vie, s'il peut en réchapper cette fois-ci. Par Dieu, jugez selon la raison, ayez pitié de votre baron! Si on le pend, sachez-le bien, toute sa parenté sera honnie, déshonorée à tout jamais. Mais s'il peut en réchapper, je lui ferai prendre la croix. Je vous en supplie de toutes mes forces, pardonnez-lui cette fois-ci!» Le roi accéda alors à sa requête, et fit ramener Renart. Il le fit rester debout : «Hélas! dit-il, misérable rouquin, tu es toujours prêt à faire le mal! Quelle mépri-

1. Cenelle : baie rouge.
2. Serment solennel : promesse officielle et grave.

sable créature tu fais! Certes, Nature s'est trompée en te concevant, toi qui es incapable de faire le bien. Fils de pute, digne d'être pendu!» Debout devant le roi, il déclara en soupirant : «Ah! noble roi, pour Dieu, miséricorde! Acceptez ma parole : je vous fais le serment que personne ne portera jamais plainte contre moi.» Noble répond : «Je l'accepte. Si à l'avenir tu commets la moindre faute, un crime ou un vol, sache avec certitude que tu seras pendu à une branche.» En entendant ces mots, Renart exulte de joie. Il va se prosterner aux pieds du roi, qui le relève. Il ordonne qu'on apporte la croix : maître Brun l'ours s'en est chargé, et on la lui coud sur l'épaule. Renard est très heureux de l'avoir. Je ne sais s'il accomplira le pèlerinage[1], mais, quoi qu'il doive arriver, il porte la croix sur l'épaule droite, et on lui apporte écharpe et bourdon. Les bêtes sont au désespoir. Celles qui lui ont porté des coups disent qu'elles ne tarderont pas à le payer cher.

Voici Renart le pèlerin, l'écharpe au cou, portant un bourdon de frêne. Le roi le prie de leur pardonner tout le mal qu'elles lui ont fait, et qu'à son tour il renonce aux ruses et aux méchancetés. Alors, s'il meurt, son âme sera sauvée. Renart ne fait pas la moindre réserve aux prières du roi, mais lui accorde au contraire tout

---

1. Pèlerinage : le pèlerin accomplit un voyage vers un lieu saint, il porte donc la croix pour se faire pardonner de ses péchés ainsi qu'une écharpe et un bourdon, c'est-à-dire une sacoche et un bâton de pèlerin.

ce qu'il veut jusqu'au moment de son départ. Il rompt la paille et leur pardonne. Il quitte la Cour un peu avant l'heure de none, sans daigner saluer personne : au fond de lui-même il les défie, à l'exception du roi et de son épouse, Madame Fière l'orgueilleuse, qui est d'une grande courtoisie et d'une grande beauté. […] Il éperonne son cheval, et s'en va au grand trot. Il arrive à proximité de la haie où Couard s'était couché. Sa faim est plus grande que de coutume, et il n'a aucune envie de jeûner : il pénètre aussitôt dans la haie. Couard, voyant cela, est pris de frayeur : la peur le fait se lever, et il lui donne le bonjour en ajoutant : «Je suis ravi que vous soyez sain et sauf.» Renart, le trompeur universel, répond : «Puisque mon malheur vous afflige et que vous y prenez part, que Dieu m'accorde de me charger aussi du poids du vôtre!» Couard comprend parfaitement ces propos, qui ne le rassurent nullement : au contraire, il se prépare à fuir, car il craint beaucoup pour sa vie. Aussi cherche-t-il à aller vers le terrain découvert. Renart le saisit par le frein de son cheval : «Corbleu, dit Renart, vous voilà bien couard, mais votre fringant coursier ne vous empêchera pas de servir de pâture à mes renardeaux!» Et il le pique de son bourdon. La Cour, le roi et ses hommes d'armes se trouvent dans une très grande vallée, encadrée par deux hauts pitons rocheux qui s'élèvent vers les nuages. Renart escalade le plus haut avec Couard, qu'il outrage. Renart, qui est plein de bassesse, compte bien le livrer à ses enfants sans tarder. Puisse Dieu veiller à le délivrer! Renart regarde vers la forêt et voit le roi et la reine, et tant de barons, tant de bêtes que le bois est agité comme par une tempête. Ils parlent entre eux de Renart, mais ils ne savent pas qu'il est en train de mener Couard dans sa prison comme un vulgaire larron. Renart, prenant la croix dans ses mains, leur crie d'une voix puissante : «Seigneur roi, reprenez votre défroque! Puisse Dieu confondre le museau qui m'a embarrassé de cette haire, du bourdon et de l'écharpe!» Il s'en torche le cul devant les bêtes, puis le jette sur leurs têtes. Il parle d'une voix forte et s'adresse au roi : «Seigneur, dit-il, écoute-moi bien! Nouradin[1] t'adresse son salut par mon intermédiaire, puisque je suis un pèlerin; assurément tous les païens vous redoutent, peu s'en faut que chacun ne prenne la fuite.»

Renart a tant lancé de quolibets que Couard s'est détaché. Il est sur un cheval rapide et fait un bond très remarquable. Avant que Renart ait eu le temps de s'en apercevoir et même de s'en méfier, Couard est presque arrivé auprès de la Cour avec son cheval qui court comme une flèche. Ses côtes sont en charpie, le bourdon y est encore fiché, et la peau de ses pieds et de ses mains est si lacérée qu'il est en piteux état. Il a fait tant d'efforts pour y arriver qu'il s'est jeté

1. Nouradin : sultan d'Alep, en Syrie, vers 1170.

aux pieds du roi : «Seigneur, pour Dieu, dit-il, à l'aide ! Écoutez la diablerie de Renart ! – Dieu ! dit le roi, j'ai été bien trahi, ridiculisé et abasourdi par Renart qui me craint si peu ! Je sais bien à présent qu'il me méprise ! Seigneur, dit-il, en avant, vous tous ! Voyez-le, là-bas, en train de s'enfuir ! Par les yeux de Dieu, s'il vous échappe, vous serez tous livrés à la mort ; mais celui d'entre vous qui s'en emparera, tout son lignage en sera anobli ! » Si vous aviez vu alors maître Isengrin, et le mouton, messire Belin, et Brun l'ours, et Tibert le chat, et monseigneur Pelé le rat, et Chantecler, et dame Pinte avec les quatre volatiles qui l'avaient accompagnée à la Cour, et messire Ferrant le roncin[1], et maître Roonel le mâtin, et messire Blanchart le chevreau, et Tiécelin le jeune corbeau ! Foibert, le grillon, les suit, avec Petitporchas le furet ; et derrière Belin va Baucent, le sanglier à la dent acérée. Bruiant le taureau s'est calé dans ses étriers, et Brichemer s'est élancé. Le limaçon porte l'enseigne et leur fait traverser parfaitement toute la plaine.

Renart, regardant derrière lui, voit approcher les armées du roi avec l'enseigne qui flotte au vent, et Tardif qui les mène au combat. Il ne sait plus trop que faire. Il fait un bon de côté et emprunte un chemin de traverse. Toute la troupe le suit de près, ce qui

---

1. Roncin : désigne un cheval destiné au transport des charges.

ne le rassure guère. Ils lui lancent des menaces et font le serment que ni palissade, ni muraille, ni fossé, ni fortification ne l'empêcheront d'être pris, tué ou fait prisonnier, puis écorché vif et pendu. Renart voit bien qu'il ne peut plus résister, qu'il lui est impossible de fuir et de disparaître. Sa bouche est couverte d'écume, et les autres le déplument et lui étrillent si bien sa pelisse que des touffes volent en l'air. Et une fois qu'ils l'ont encerclé, il serait bien extraordinaire qu'il s'échappe. Et pourtant il a réussi à se réfugier à Maupertuis, son solide château fort, son puissant donjon, sa forteresse et sa demeure où il ne redoute ni armée ni assaut. Maintenant qu'il est dans son essart, il ne craint plus les menaces : si on ne veut l'aimer, qu'on le haïsse ! Sa femme, qui l'aimait et le chérissait tant, vint à sa rencontre. La noble dame avait trois fils : Percehaie, Malebranche, et le dernier, Renardeau, qui était le plus beau de tous. Tous trois vinrent l'entourer, lui tirant le pan de sa tunique. Voyant ses plaies qui saignaient, ils poussèrent des plaintes et des gémissements. On les lava avec du vin blanc, puis on le fit asseoir sur un coussin et on prépara le repas. Il était si las et si exténué qu'il ne mangea que la cuisse et la patte d'une poule. La dame lui prépara un bon bain, lui fit poser des ventouses et pratiquer une saignée, si bien qu'il retrouva sa santé de naguère. (Branche I.)

Arrêt sur lecture 1

Histoire du texte

Comment dater la composition ?

La branche* 1, « Le jugement de Renart », n'est pas la première du point de vue de la chronologie. Elle a été composée vers 1179, entre la deuxième et la troisième croisade. La datation du récit se fait à partir d'indications contenues à l'intérieur même du texte : le nom de Nouradin, présent à la fin de l'épisode, fait allusion à un sultan du nom de Nour-ed-Din, qui a régné sur Alep en Syrie entre 1146 et 1173. Le nom de ce sultan est également présent dans une œuvre de Chrétien de Troyes : *Le Chevalier au lion*. Ce roman a été composé par le poète champenois en 1178. Cette date nous permet donc de préciser le moment de composition du *Roman de Renart*, une année après l'œuvre de Chrétien de Troyes.

Une branche située au début de la plupart des manuscrits

Même si cette branche* n'a pas été composée en premier, c'est elle sans doute qui a le plus fasciné les lecteurs et les auditeurs du Moyen Âge par son humour et ses rebondissements. Pour cette raison, elle est placée, le plus souvent, au début des manuscrits* du *Roman de Renart*, avant la naissance et les premières aventures du goupil. On connaît aujourd'hui environ quatorze manuscrits relatant les aventures de Renart ; parmi eux, dix s'ouvrent sur « Le jugement ». Renart est à tel point connu à cette époque qu'il n'a pas besoin d'être présenté : chacun connaît ses ruses et la guerre qu'il a entreprise contre Isengrin. Le récit débute donc sans véritable paradoxe* par le jugement de Renart, ses méfaits vont être jugés.

Le manuscrit : transcription et traduction

Le manuscrit

Au Moyen Âge, les textes sont écrits par des moines copistes dans des ateliers qu'on appelle des *scriptoria**. Les scribes écrivent avec application, à l'aide d'une plume taillée et d'une règle, à la seule lumière du jour ou à celle de la bougie. Leur support d'écriture est fabriqué à partir de peaux de bête : ces peaux sont lavées, raclées et tendues, parfois recousues lorsqu'elles sont déchirées, pour fournir une surface lisse et presque sans défaut.

Ces moines copient sur un ou sur plusieurs manuscrits proposant le même texte. Ils placent ces différents exemplaires devant eux afin de choisir la meilleure version du récit et de rectifier les erreurs si certains mots sont fautifs ou illisibles. Leur écriture est codifiée et appliquée afin d'être le plus claire possible et le plus facile à lire. Néanmoins, il est aujourd'hui délicat de déchiffrer cette écriture ancienne : le manuscrit doit être transcrit*.

La transcription

Sur la plupart des manuscrits*, l'écriture est régulière, soignée, sans rature pour ne pas abîmer la peau fine et fragile. Mais la forme des lettres est différente de la nôtre. Par ailleurs, il n'y a ni accent – à part, parfois, de fins traits obliques sur les *i* – ni ponctuation, et l'orthographe n'a pas encore été fixée, ce qui pose souvent des problèmes de compréhension. De plus, le texte est écrit relativement serré, sur une, deux ou trois colonnes, car il s'agit d'économiser le support animal qui coûte très cher. Et, pour gagner de la place, les copistes vont utiliser un grand nombre d'abréviations ; celles-ci sont généralement les mêmes pour tous les manuscrits. Dans *Le Roman de Renart*, les majuscules cernées par deux points *.R.* et *.Y.* abrègent Renart et Isengrin ; un *a* surmonté d'un tilde : *ā*, indique qu'il s'agit du son *an*.

Tous ces éléments sont obscurs pour un lecteur aujourd'hui et le texte doit subir une transcription*.

La traduction

Une fois transcrit*, le manuscrit doit être traduit. *Le Roman de Renart* est écrit en vers de huit syllabes à rimes plates*. C'est un texte composé dans une langue qui tient à la fois du latin et du français : l'ancien français.

Voici les vers que vous pouvez lire dans le manuscrit au début du « Jugement de Renart » :

« Quant Ysengrin oït le roi
Qui de la pais prenoit conroi,
Mout fu dolans, ne set que faire ;
Or ne set mes a quel chief traire.
A la terre antre .II. eschames
S'asiet la coue entre ses jambes.

Or estoit bien Renart cheüz,
Se Diex le eüst porveüz,
Qu'en tel point avoit pris li rois,
L'acorde mau gré les yrois,
Que ja preïst la guerre fin
Entre Renart et Ysemgrin,
Se ne fust Chantecler et Pinte,
Qui a la court venoit soi quinte
Devant le roi de Renart plaindre.
Or est li feus grief a estaindre
Car sire Chanteclers li cos
Et Pinte qui pont les oes gros,
Et Noire et Blanche et Rousete
Amenoient une charrete
Qui environné est d'une cortine.
Dedanz gisoit une geline
Que l'en amenoit en litiere
Autresi fait comme une biere. **≫**

   Le lexique, la syntaxe et la conjugaison obéissent à des règles spécifiques. Néanmoins chacun de nous parvient encore aujourd'hui à comprendre certains mots, car notre français est hérité de cette ancienne langue. Le texte va être traduit pour être accessible au lecteur moderne.

   Faisons une pause lexicale, un peu d'étymologie*, à partir du mot **geline** que vous voyez apparaître quelques lignes avant la fin du texte. Ce mot provient du latin *gallina* qui signifie « poule ». Il passe dans la langue médiévale avec quelques modifications orthographiques où il devient « geline ». C'est un mot très fréquent dans l'ancienne langue qui n'utilise jamais « poule ». « Geline » semble avoir disparu en français moderne.

Néanmoins, on le rencontre dans certains patois et on peut le reconnaître dans un mot de la même famille : «gallinacé», qui désigne les volatiles qui se rapportent ou qui ressemblent à la poule ou au coq. Les mots évoluent donc et se transforment, souvent ils ne disparaissent pas complètement de la langue mais s'adaptent.

Le roi Noble opposé à un baron révolté

Structure du «Jugement de Renart»

L'épisode peut être divisé en six temps qui structurent le texte (les deux premiers mouvements sont seulement résumés dans votre livre).

1. La cour du roi Noble est réunie, c'est une cour plénière : elle requiert la présence de tous les barons du royaume et se tient au moment de l'Ascension. Tous les seigneurs sont présents sauf Renart qui est resté à Maupertuis, malgré l'ordre du roi.

2. Les méfaits de Renart sont dénoncés au cours d'une discussion animée. C'est le loup Isengrin qui le premier accuse Renart d'avoir violé sa femme et maltraité ses louveteaux.

3. Une circonstance aggravante surgit : le coq Chantecler arrive à la cour accompagné de Pinte, de Noire, de Blanche et de Roussette. Tous portent le deuil de leur sœur Coupée qui a été tuée par le goupil.

4. On envoie donc chercher Renart pour qu'il se justifie du crime dont il est accusé. Partent successivement Brun, Tibert et Grimbert.

5. Renart est condamné : il sera pendu au gibet.

6. Le goupil, contre toute attente, parvient à s'échapper.

À la fin de cet épisode, aucun méfait n'a été réparé; Renart a réussi à fuir. Les rapports entre le goupil et la cour du roi Noble n'ont fait que se dégrader. La structure globale du récit démontre donc l'inutilité de la machine judiciaire qui ne parvient ni à juger ni à condamner le coupable.

La cour du roi Noble

Et maintenant, la cour ! – Le texte propose une image assez représentative de la cour du roi ainsi que des rapports qui unissent le souverain à ses seigneurs. Au Moyen Âge, il existe un code qui lie le roi à ses barons et les barons au roi. En cas de conflit ou de guerre, le roi a le pouvoir de réunir l'ensemble de ses vassaux. Ceux-ci sont alors dans l'obligation de se rendre à la cour, d'apporter leur aide et leur conseil au roi ; en échange, le roi doit garantir la paix dans l'ensemble de son royaume. Au début du « Jugement de Renart », tous les seigneurs sont réunis, le texte dit :

《 Aucune bête n'eut l'audace de différer sa venue pour quelque raison que ce fût, à la seule exception de Renart, le mauvais larron, le trompeur. **》**

Noble le tout-puissant – Noble est un roi autoritaire, qui fait d'abord taire la querelle entre Isengrin et Renart : il impose la paix. Mais il se doit de rendre la justice lorsqu'un acte grave a été commis et il s'agit là d'un meurtre : Renart a tué Coupée. Le meurtre est un trouble majeur dans l'ordre du royaume, et c'est le roi qui a les pleins pouvoirs pour juger un coupable. Noble préside aussi la cérémonie d'enterrement de Coupée : il donne l'ordre à Brun de prendre l'étole, à Bruiant de recommander à Dieu l'âme de Coupée, il a donc en charge le sacré. Pour résumer, le roi à l'époque médiévale garantit la paix, rend la justice et conduit les cérémonies sacrées.

Renart, un baron révolté

Renart n'assiste pas à la cour plénière réunie par Noble. Dans les mœurs féodales comme dans la poésie épique*, ce refus est considéré comme une marque d'indépendance et de rébellion. L'attitude de Renart est inacceptable pour la société de l'époque. Le roi ordonne donc à trois émissaires successifs, Brun, Tibert et Grimbert, d'aller chercher le goupil à Maupertuis. Non seulement Renart désobéit à l'ordre du roi, mais en plus il s'attaque à ses messagers : il se venge de Brun en le laissant le museau coincé dans un chêne, alors qu'arrivent des paysans armés ; il abandonne aussi Tibert aux mains du prêtre et de sa famille. Renart mérite d'être pendu au gibet, mais il trouve une ruse : il propose au roi de faire un pèlerinage en Terre sainte. Ce pèlerinage fait référence à une pratique assez répandue au Moyen Âge. En effet, un coupable pouvait racheter sa faute en devenant pèlerin.

L'humour dans « Le jugement de Renart »

Entre la bête et l'homme

Le texte ne cesse d'osciller entre les caractéristiques humaines et les traits animaux. Cette alternance prend une valeur toute particulière quand elle apparaît dans des passages que l'on trouve habituellement dans d'autres genres comme le roman antique, la chanson de geste* ou le roman courtois*. Le texte renardien* en reprenant ainsi des modèles, en les imitant pour s'en moquer devient un texte parodique*.

Lorsque Chantecler et Pinte arrivent à la cour, ils se frappent les paumes, lancent des cris plaintifs. Pinte s'évanouit sur le sol ;

Chantecler s'approche alors du roi, il s'agenouille et lui baise les pieds en versant des flots de larmes. Ces caractéristiques identifient Chantecler et Pinte comme des humains. Pourtant, Pinte est d'emblée dans le texte présentée comme une poule qui pond de gros œufs et, dans son discours, elle parle de « jeunes poulettes » ou de « belles poules » à propos de ses sœurs. La dame éplorée est donc aussi une poule... Mais au-delà de cette hésitation amusante, le texte fait œuvre de parodie*. En effet, les gestes accomplis par Chantecler et Pinte appartiennent à la tradition du deuil telle qu'elle est présentée dans les œuvres antiques. Le déplacement de ces manifestations de douleur dans l'univers animal crée un phénomène de parodie.

On pourrait trouver bien d'autres exemples dans le texte et imaginer avec humour un limaçon chevauchant un cheval et portant l'enseigne. Cette fois, c'est la chanson de geste* qui se voit parodiée par la description de l'action chevaleresque du limaçon.

L'hésitation savante provoque le rire

Cette hésitation est élaborée à partir d'une parfaite connaissance du monde animal et des codes féodaux. De nombreux détails montrent que les auteurs du *Roman de Renart* avaient étudié avec précision les comportements animaux. Lorsque Grimbert le blaireau pénètre dans la tanière de Renart, l'auteur dit qu'il entre « le cul en avant, la tête ensuite ». On sait que cet animal, par prudence, procède toujours ainsi. Cette grande précision se présente en même temps que le respect absolu des codes féodaux qu'on retrouve dans la littérature épique* : Grimbert tient dans sa main une lettre cachetée, comme un quelconque messager. La rencontre de ces deux univers décrits avec justesse et précision introduit un comique de décalage.

La répétition

Ce procédé permet lui aussi de faire naître le rire dans « Le jugement de Renart ». La répétition est frappante dans les trois ambassades ordonnées par le roi. Brun se rend le premier à Maupertuis. Tibert part à son tour. Tous deux échouent parce qu'ils ont commis une erreur : ils arrivent devant la tanière du goupil le ventre vide. Brun est gourmand et Tibert déclare qu'il a une faim de loup. Ils se laissent tenter par les mets savoureux que leur promet Renart : une succulente spécialité française proposée à la gourmandise de Brun.

La répétition provoque un effet d'attente chez le lecteur qui rit déjà lorsqu'il voit partir Tibert, car il se doute qu'il va lui arriver quelque mésaventure. Le lecteur comprend aussi la ruse de Grimbert qui prend la peine de dîner copieusement avant de transmettre son message à Renart. Il y a donc une complicité qui s'installe entre l'auteur du texte et les auditeurs ou lecteurs.

Le rire tout-puissant

La rencontre entre l'animal et l'humain ainsi que l'élaboration du récit sur le principe de répétition provoquent le rire. Dans l'ensemble du texte, un détail vient toujours rappeler au lecteur qu'il est en présence d'animaux, ce qui a pour effet d'éliminer le pathétique* : on ne pleure pas avec Chantecler ou Pinte, car on ne perd jamais de vue qu'ils ne sont pas tout à fait des humains et que leurs malheurs sont avant tout là pour amuser. La distance et la complicité ainsi élaborées libèrent le rire.

à vous...

1 – En prenant modèle sur l'analyse qui a été faite du mot « geline », vous travaillerez sur le verbe « ouïr » qui apparaît dans le texte en ancien français au vers 1 : « oït ». Quelle est son étymologie* ? Est-il très utilisé aujourd'hui ? Quel verbe permet de le remplacer ? Donnez des synonymes à ce verbe.

2 – Relevez dans le texte les détails qui montrent que Brun, en partant pour Maupertuis, est à la fois un animal, bien connu par les hommes du Moyen Âge, et un humain.

3 – Quels sont les trois objets que Renart emporte pour partir en pèlerinage ? Dessinez Renart pèlerin sans oublier de lui attribuer à la fois des caractéristiques animales et humaines.

4 – Rédigez un texte descriptif imaginant Foibert le grillon poursuivant Renart sur son destrier.

Le siège de Maupertuis

Monseigneur Noble, l'empereur, vint au château où Renart s'était réfugié, et constata qu'étaient fort solides l'enceinte, les murs, les tours, les retranchements, les fortifications et les donjons : un gros trait d'arbalète n'aurait pas pu être tiré si haut ! Tout autour il vit les fossés, profonds, larges et réparés ; il regarde et voit encore l'eau, le pont-levis et, au-dessus, la chaîne. Le château était construit sur un rocher : le roi s'en approche autant qu'il peut ; devant la porte, il met pied à terre, imité par ses barons. Ils vinrent s'établir autour du château, et chacun y déploie sa tente ; ils sont installés de tous les côtés. Maintenant Renart a de quoi s'inquiéter ; jamais, pourtant, on n'en viendra à bout par un assaut et il ne sera pas pris par force : s'il n'est pas victime d'une trahison ou affamé, jamais une armée ne lui fera de mal. Renart était en pleine possession de ses forces. Le voilà monté au sommet de sa tour d'où il vit Hersent et Isengrin, qui se sont logés au pied d'un pin. En criant fort, il les héla : «Seigneur, mon compagnon, que vois-je là? Que vous semble de mon château? En avez-vous jamais vu, à ce jour, d'aussi beau? Dame Hersent, quoi qu'il arrive, j'ai déjà foulé votre vendange[1], avant de sortir de captivité, vous en avez eu une belle ration – je crois que vous avez eu plus de cent coups – dont vous n'avez guère eu le temps de boire le vin! Je me moque de savoir s'il en est courroucé, le cocu qui vous entretient et nourrit! Quant à vous, monseigneur Brun l'ours, eh bien, je vous ai vu faire une course si superbe, après que vous eûtes mangé le miel, que j'ai bien cru être vengé de vous! Vous y avez laissé vos oreilles : tout le monde a trouvé la chose extraordinaire! Et vous, seigneur Tibert le chat, je vous ai fait prendre dans un piège : avant de vous sauver de son emprise, vous avez vous aussi eu votre compte; en effet, vous y avez récolté une centaine de coups, dont vous ne m'avez pas su gré! Et vous, monseigneur Chantecler, je vous ai déjà fait chanter bien haut, quand je vous ai tenu par la gorge; mais vous m'avez échappé par ruse! À vous aussi je le dis, Brichemer, que je vous ai déjà fait tourner en bourrique : grâce

1. Renart fait allusion au viol de la louve.

à mon astuce et à ma supercherie, on vous a arraché du dos trois lanières de cuir, qui vous ont fait bien souffrir; il y en eut que cela fit beaucoup rire! Et vous, seigneur Pelé le rat, je vous ai fait retenir par les chats, une fois que vous eûtes mangé l'orge, et vous ai fait bien serrer la gorge en l'occurrence! Et à vous, monseigneur Tiécelin, et de même à vous, seigneur Belin, je vous le dis, je vous ai déjà fait vous repentir de m'avoir connu : si tu n'avais pas bien réussi à fuir tu aurais laissé quelque chose en gage comme cela t'est arrivé pour le fromage, que j'ai mangé avec un très grand plaisir, car j'en avais besoin! Et vous, Rousseau l'écureuil, je vous ai déjà bien fait souffrir, lorsque je vous ai dit que la paix était jurée et parfaitement garantie; je vous ai fait descendre du chêne : j'ai bien cru vous le faire payer! Je vous ai tenu par la queue avec mes dents, et vous n'avez pas été loin de passer un mauvais quart d'heure! À quoi bon continuer cette énumération? Il n'y en a pas un que je n'aie couvert de honte! Et je crois que je vais encore vous en faire assez avant que ne soit passé cet été, car j'ai en ma possession l'anneau que me donna hier la reine[1]! Et sachez que si Renart survit, il y en aura qui le paieront cher, comme jamais ils ne l'ont vu! Que la Cour le sache bien, la chose est sûre!

---

1. Lors du «Jugement de Renart», Fière la lionne donne son anneau au goupil avant son départ en pèlerinage. C'est un signe d'amitié et même d'amour.

– Renart, Renart, dit le lion, certes, votre donjon est extrêmement solide, mais la pierre grise ne sera pas assez solide pour m'obliger à retourner chez moi, car je l'aurai prise avant. Je vous garantis une chose, c'est que je jure d'y mettre le siège aussi longtemps que je vivrai; ni pluie ni orage ne me feront retourner chez moi de mon vivant, avant que le château ne se soit rendu et que vous ne soyez pendu par la gorge ! – Sire, sire, dit Renart, ce sont là menaces de couard ! Avant que le château ne vous ait fait reddition[1], on vous le vendra fort cher ! J'ai, en effet, assez de vivres ici, et je ne crois pas qu'elles viendront à me manquer avant un an : ainsi, j'ai en ce lieu mainte poule – Hermeline en a fait bonne provision – et il y a des œufs et du fromage en quantité suffisante, de grasses brebis et des vaches grasses ! Dans ce château, il y a une source dont l'eau est belle et claire, fraîche et saine. Il est une chose dont je puis me vanter : il pourra pleuvoir et venter autant qu'il voudra, même si toute l'eau du ciel me tombait dessus, pas une goutte ne pénétrerait ici. Ce château est si bien construit que jamais il ne sera pris de force ! Faites donc votre siège, moi je vais m'en aller : je suis fatigué, et je vais manger avec mon épouse, la courtoise; si vous, vous jeûnez, cela ne me dérange guère !»

1. Faire reddition : capituler.

Cela dit, il descend de la tour et, par une petite porte, entre dans la grande salle. Les assaillants se reposent pendant la nuit, et le lendemain, ils se lèvent de bonne heure. Le roi fit venir ses barons et leur déclara : «Seigneurs, il faut nous préparer rapidement à attaquer, car je veux faire sortir ce brigand de son nid!» À ces mots, ils se lèvent tous et se dirigent vers le château en faisant un grand vacarme. L'assaut fut vraiment extraordinaire, et jamais on n'en avait vu d'aussi périlleux; depuis le matin jusqu'à la nuit, ils ne cessèrent de donner l'assaut, tous ensemble. La nuit les a fait partir : ils quittent les lieux et abandonnent l'attaque. Le lendemain, après le repas, ils se remettent tous à l'ouvrage. Mais toutes leurs peines furent vaines et il leur fut impossible d'enlever une seule pierre. Le roi y demeura bien six mois, sans que Renart n'y perdît la valeur d'un pois; pourtant, pas un seul jour ils n'ont cessé d'assaillir la tour, sans pouvoir lui causer un dommage qu'on eût pu évaluer à un seul denier[1].

Un jour que le roi se trouvait fort contrarié et las de donner l'assaut, chacun s'en alla dormir profondément, dans sa tente, en toute sécurité; la reine, elle, était fâchée et courroucée contre le roi; elle s'était couchée à l'écart. Voici qu'alors Renart est sorti en cachette de son château; il les a vus dormir

1. Denier : ancienne monnaie française.

en toute confiance. Renart a vite fait de lier chacun par le poing ou par le pied ; ce qu'il a fait est vraiment diabolique ! À chaque arbre il attache son animal, et même le roi, par la queue : ce sera un miracle s'il arrive à se détacher ! Ensuite il va trouver la reine, là où elle était couchée, sur le dos, et se glissa entre ses jambes ; elle ne fit pas attention à lui, pensant qu'il s'agissait de son mari qui venait pour se réconcilier avec elle. C'est une chose tout à fait extraordinaire que vous pourrez entendre maintenant : il s'accouple avec elle et elle se réveille. Quand elle se rendit compte que Renart l'avait abusée, elle se mit à crier, tout effarée. L'aube s'était déjà levée, le jour brillait de tout son éclat, et la matinée était entamée. Ceux qui s'étaient endormis sont réveillés brutalement par le cri. Grande fut leur stupéfaction en voyant Renart le roux en compagnie de la reine et ce qu'il lui faisait subir ; sachez que cela ne les réjouissait guère, et ils dirent tous ensemble : « Debout ! debout ! attrapez ce brigand que l'on prend sur le fait ! » Monseigneur Noble se redresse sur ses pieds, il tire et essaie d'arracher les liens, mais rien à faire : il s'en faut de peu qu'il ne rompe sa queue qu'il a étirée d'un bon demi-pied[1] ; les autres aussi tirent de toutes leurs forces et manquent lui déchirer le cul. Mais seigneur Tardif le limaçon,

1. Demi-pied : ancienne mesure française qui équivaut à seize centimètres.

celui qui avait pour tâche de porter le gonfanon[1], Renart avait oublié de l'attacher; il court délier les autres : il sort son épée du fourreau, il les détache, en coupant à chacun un bout de queue. Il s'est tellement dépêché de les délier qu'il en est resté beaucoup d'enchaînés. Avant que tout le monde ne soit libéré des entraves, bon nombre se sont emmêlés. Ils se mettent tous contre Renart autant qu'ils peuvent, à grand bruit. Et quand Renart les voit venir, il s'apprête à fuir. Au moment où il allait entrer dans sa tanière, Tardif, qui le suit et se trouve juste derrière, le tire vers lui par une de ses pattes : il s'est bien comporté en seigneur ! Sur quoi, le roi arriva, piquant des deux[2], ainsi que tous les autres qui accourent. Et le seigneur Tardif, qui retient Renart, le remet au roi qui les précède. De tous les côtés ils le saisissent tous ensemble : toute l'armée est en effervescence.

Voici donc Renart capturé, à la grande joie des gens du pays. Isengrin dit au roi : «Sire, pour l'amour de Dieu, livre-le-moi, et j'en tirerai une si éclatante vengeance, qu'on le saura dans la France entière.» Le roi n'y veut pas donner suite : tous en sont ravis et réjouis. Ils ont fait bander les yeux de Renart; le roi se mit à lui faire des reproches : «Renart ! Renart ! dit le lion, je vois ici des scorpions

1. Gonfanon : bannière de guerre formée d'une bandelette à plusieurs pointes.
2. Piquant des deux : chevaucher à vive allure en piquant des éperons.

tout à fait aptes à vous faire payer tout à l'heure des excès dont vous vous êtes rendu coupable durant votre existence, ainsi que le plaisir pris avec la reine que vous teniez à l'instant couchée sur le dos; je vous ai vu tout prêt à me couvrir de honte; mais je sais bien ce qu'il en est : nous allons vous mettre la corde au cou sans autre forme de procès!» Le seigneur Isengrin se remet sur ses pieds et empoigne Renart par l'encolure; du poing il lui assène un coup si violent qu'il lui ébranle tous les os. Vous auriez pu voir les animaux arriver en masse : aucun ne pouvait prendre la place d'un autre, ils étaient si nombreux à descendre la rue que chacun s'y précipitait, craignant de ne pouvoir arriver à temps.

Sur Renart, l'universel trompeur, ils sont nombreux à frapper et à le houspiller[1]; il ne sait plus quoi faire ici-bas, car il a trop peur de ne pouvoir échapper à la mort; Renart n'avait point d'amis en la circonstance, et tous étaient ses ennemis. Sachez-le tous, soyez parfaitement convaincus de cette vérité : à partir du moment où un homme est saisi, pris de force et enchaîné, il peut aisément se rendre compte, en se trouvant dans cette extrémité, de qui l'aime et de qui se préoccupe de lui! Si je le dis, c'est à cause du seigneur Grimbert, qui pleure de voir Renart ainsi mis en pièces : il était son parent et son ami; il le voit

1. Houspiller : brutaliser.

enchaîné et captif et ne sait comment lui porter secours ; il ne disposait pas de la force nécessaire pour cela. Le rat Pelé s'en est indigné : il s'est jeté sur Renart, tombant entre ses pieds au milieu de la foule : Renart l'a saisi en pleine gueule et le serre si fort entre ses dents qu'il ne peut échapper à la mort, tant il l'étreint. Nul d'entre eux, à aucun moment, n'y prit garde, ne le vit ou n'y fit attention. Madame Fière l'orgueilleuse – sa fierté est extraordinaire –, elle aussi est sortie de sa chambre ; de colère elle était noire et couverte de sueur tant à cause de Renart que du préjudice qu'il lui a fait subir ce jour devant tout le monde. [...] Elle allait, marchant de son petit pas, s'arrêtant devant Grimbert. Elle lui adressa des propos pleins de bon sens : « Seigneur Grimbert, lui dit-elle, la conduite de Renart, sa folie et ses excès passés ne lui ont pas porté chance ! Il en reçoit aujourd'hui grand dommage. Je vous apporte là une lettre : il n'y a personne qui, risquant de mourir d'une mort cruelle, n'en soit délivré en la voyant avec de bonnes dispositions. Si le seigneur Renart l'avait sur lui, cela lui éviterait de mourir aujourd'hui et il n'aurait plus désormais, à tort ou à raison, à avoir peur de la mort. Dites-lui qu'il la reçoive de ma part, à voix basse afin que personne ne l'entende, car je suis prise d'une grande pitié pour lui ; faites attention de ne le dire à personne ! Grimbert, que Dieu me bénisse, je ne dis pas cela par esprit de luxure, mais parce que c'est quelqu'un de bien éduqué, et aussi parce qu'il est blessé et que je le vois à ce point couvert de honte : grande est, en effet, sa générosité et sa noblesse ! » Grimbert lui répond : « Grande dame honorée, noble reine couronnée, que Celui qui trône là-haut selon ses volontés et qui est de tous roi et juge, lui qui vous a établie dans de grands honneurs, vous préserve du déshonneur, car si Renart peut en réchapper vivant, il continuera d'être votre ami ! »

À ces mots, elle lui tend la lettre et Grimbert la prend volontiers. La reine, dans le plus grand secret, lui chuchote à l'oreille de dire à Renart que, lorsqu'il se sera échappé de l'endroit où il est retenu prisonnier, il n'oublie en aucune manière « à cause de l'amour que je lui ai juré, dit-elle, de venir me parler en cachette, sans qu'on ne s'en aperçoive ». Sur ces paroles, ils se séparèrent. Il est venu à l'endroit où ils font souffrir à Renart le martyre[1], déjà ils lui avaient mis la corde au cou et sa dernière heure était vraiment proche, quand son cousin Grimbert arriva sur les lieux. Il y trouva Isengrin qui empoignait Renart et voulait le soulever de force ; les autres s'étaient retirés plus haut. Le seigneur Grimbert parla à voix haute, tous l'écoutaient et il s'exprimait avec sagesse : « Renart, vous voilà arrivé, sans autre

1. Faire souffrir le martyre : faire endurer des tourments.

forme de procès, à l'heure du jugement : il va vous falloir en passer par là ! Vous devriez vous confesser et faire votre testament pour vos enfants, car vous avez des enfants petits ! – Vous dites vrai, déclare Renart, il est juste qu'ils reçoivent leur part : mon château, qui jamais ne sera pris par un homme vivant, je le lègue à mon fils aîné ; mes tours et mes autres forteresses, je les lègue à ma femme aux petits tétins ; et à mon autre fils, Percehaie, je laisse l'essart[1] de Robert Fressaie si riche en souris et en rats qu'on n'en trouve autant d'ici jusqu'à Arras ! Quant à mon fils Renardel, le petit, je lui laisse l'essart de Martin Laiel ainsi que le jardin derrière sa grange, qui recèle mainte poule blanche : il y trouvera de quoi vivre en suffisance et je ne crois pas que la nourriture lui fasse un jour défaut ; avec cela il arrivera bien à subvenir à ses besoins. Je ne sais pas quoi leur distribuer de plus. – Votre fin est proche, et je suis là, moi votre cousin : léguez-moi quelque chose de votre patrimoine, vous ferez une bonne action et vous ferez preuve d'une très grande sagesse ! » Renart répond : « Vous dites vrai ! Par la foi que vous devez à Sainte Marie, si jamais ma femme est remariée, eh bien, prenez-lui tout ce que je lui lègue, et gardez ma terre en paix, car elle m'aura bien vite oublié, quand elle me saura passé de vie à trépas ! En

---

1. Essart : terre défrichée.

effet, quand le mari gît en bière[1], sa femme, par-derrière, regarde : si elle voit un homme qui lui plaît, elle ne peut pas celer ses désirs et, alors qu'elle est au plus fort de ses regrets et de ses pleurs, elle ne peut s'empêcher de le lui manifester par ses mines ; la mienne fera exactement pareil. Il ne se passera pas trois jours avant qu'elle retrouve la joie. S'il agréait à monseigneur le roi, et s'il me faisait la grâce de vouloir que je devienne moine, ermite reclus[2] ou chanoine[3], et qu'il me permît de revêtir la haire[4], assurément, si la chose pouvait lui plaire, en ce monde et cette vie mortelle, je renoncerais à toutes les folies ! »

Isengrin se récria : « Vil traître, qu'est-ce encore que vous nous chantez là ? Vous avez commis tant d'horreurs et raconté tant de sornettes que, si vous aviez revêtu l'habit, il serait beau le saint homme que vous feriez ! Que Dieu prive à tout jamais le roi d'honneur, s'il ne vous fait pendre ignominieusement ou s'il vous donne quelque autre garantie, car la corde est ce qui vous revient de droit ! Qui vous accordera un sursis pour mourir, celui-là jamais mon cœur ne l'aimera ! » Renart dit alors : « Seigneur Isengrin, vous ferez maintenant ce que vous voudrez. Dieu se trouve encore là où il est d'habitude :

1. Bière : cercueil.
2. Reclus : religieux qui vit enfermé.
3. Chanoine : haut dignitaire de l'Église.
4. Haire : chemise grossière en poil de chèvre portée par certains religieux.

il vous aidera s'il le veut.» Le roi déclare : «Allez! pendez-le vite! Certes, je n'ai plus envie d'attendre!» Il aurait été bientôt pendu, sans que quiconque s'en plaigne, quand le roi, regardant la plaine en contrebas, vit une grande cavalcade avec mainte dame en colère : c'était la femme du seigneur Renart, qui arrivait piquant des éperons le long d'un essart et venait à toute vitesse, avec des manifestations de douleur extravagantes. Ses trois fils n'étaient pas en reste, car en même temps qu'elle, ils manifestaient vivement leur douleur. Ils se tordent les poings et les étirent, ils arrachent leurs cheveux et déchirent leurs vêtements ; le vacarme qu'ils font et les cris qu'ils poussent sont si forts qu'on eût pu les entendre d'une lieue[1]. Ils amènent un cheval de bât tout chargé de richesses pour délivrer Renart. Avant qu'il ait prononcé sa confession, ils ont fendu la foule et sont arrivés en si grand désarroi qu'ils sont tombés aux pieds du roi. La dame s'est avancée et s'y est jetée la première : «Sire, ayez pitié de mon époux, au nom de Dieu le Père, le Créateur! Je vous donnerai toute cette fortune si vous consentez à avoir pitié de lui.» Le roi vit le trésor considérable, de grands deniers d'argent et d'or ; il convoitait fort les richesses, et lui déclara tout de go : «Renart s'est rendu coupable de bien des méfaits envers moi, il a

---

1. Lieue : ancienne mesure qui équivaut à quatre kilomètres.

causé tant de maux aux bêtes que personne ne pourrait vous les énumérer ; aussi faut-il que justice soit rendue, s'il ne s'amende de ses crimes. Il a bien mérité d'être pendu ! Voilà le jugement que me proposent tous mes barons, qu'on pende au gibet le larron. Sachez pour de vrai que, si je ne manque pas à ma parole, bientôt il sera livré aux tourments. – Sire, au nom du Dieu en qui tu crois, pardonne-lui pour cette fois ! » Le roi répond : « Pour l'amour de Dieu, je lui pardonne par affection pour vous ! Il vous sera rendu à une condition : qu'au premier méfait commis, il soit pendu. – Sire, dit-elle, j'en suis d'accord : je promets qu'il ne sera pas réclamé par moi ! » Alors ils le firent détacher ; le roi le fit mander et il vint à lui entièrement débarrassé de ses liens, par petits bonds, ravi et joyeux : « Renart, dit-il, prenez garde désormais, car vous vous en tirez sain et sauf, mais au premier écart de conduite, vous en reviendrez à la même situation ! – Sire, répond-il, que Dieu me préserve de faire en sorte que je mérite la pendaison ! » Il fait de grandes démonstrations de joie à sa maisonnée qui était réunie devant lui, en colère ; il embrasse l'un et donne des baisers à l'autre, et ne voit plus désormais de sujets de déplaisir.

Quand Isengrin le voit délivré, il préférerait être mort que vif. Tous ont très peur de Renart et redoutent qu'il ne leur cause encore des ennuis. Et c'est bien ce qu'il fera, si Dieu lui en donne l'occasion, avant que n'arrive le soir et l'heure de none[1]! Renart voulait partir et s'en retourner, quand le roi regarde vers le chemin et voit venir, le long de la voie, une bière portée comme litière[2]; c'était la chauve-souris, avec le rat Pelé son mari que le seigneur Renart avait étranglé quand il l'avait coincé sous lui. En la compagnie de dame Chauve se trouvait sa sœur dame Fauve : en tout ils étaient à dix, autant de frères que de sœurs. Se dirigèrent vers le roi en poussant des clameurs, bien quarante fils et filles, sans parler des autres parents, qui étaient plus de soixante. Les démonstrations de douleur auxquelles ils se livraient tous, comme ils arrivaient, faisaient résonner l'air jusqu'au ciel et frémir la terre entière. Le roi se tenait debout, un peu sur la droite, voulant savoir ce que cela pouvait être ; il entend les cris, il perçoit le vacarme et n'a plus dès lors envie de s'amuser. Quand il entendit venir la troupe en deuil, Renart commença à frémir de peur ; il envoya sa femme en arrière, de même que sa maisonnée et ses enfants, tant cette bière lui causait de crainte, mais lui, le fourbe, il reste sur place. Avec beaucoup de discrétion ils sortent du camp et s'en viennent vite à leur château. Renart demeure là, sa situation est critique ! La bière s'approchait à grande allure, madame Chauve voyant le roi, à travers la foule, se dirige

1. L'heure de none : neuvième heure du jour, environ 15 heures.
2. Une bière portée comme litière : cercueil porté par deux chevaux.

droit sur lui : «Pitié, sire!» s'écrie-t-elle haut et fort,
puis elle tombe à terre, le cœur lui manque, tandis
que Fauve se pâme de son côté. Tous en chœur se
plaignent de Renart et font un si grand tapage que je
n'en ai jamais entendu de tel de mon vivant! Le roi
veut se saisir à nouveau de Renart mais ce dernier ne
voulut pas l'attendre et s'enfuit : sage conduite, car
il était près de passer un mauvais quart d'heure! Il
n'avait que faire de ce que le roi lui raconterait! Il
grimpe en haut d'un grand chêne; derrière lui, ils se
précipitent, tous ensemble, et se sont arrêtés, montés
sur leurs chevaux. Ils jurent de faire le siège tout
autour de l'arbre : ils l'en feront descendre, et il n'en
descendra pas autrement! Le roi lui enjoint et
ordonne de venir à terre et de se rendre : «Sire,
répond Renart, je n'en ferai rien, si l'assemblée de
tes barons ne me donne des garanties, et si vous
m'en faites l'hommage, que cela ne me créera aucun
préjudice, car je vois là, à ce qu'il me semble, tout
autour de moi, mes ennemis. Si chacun d'eux me
tenait entièrement à sa merci, il me donnerait autre
chose que du pain! Restez donc là-dessous, tout
tranquilles, chantez les exploits d'Ogier et de Lanfroi[1], et si l'un de vous connaît une belle histoire,
qu'il la raconte; je l'apprécierai depuis là-haut!»

---

1. Ogier le Danois et Lanfroi sont des héros de chanson de geste. La récitation des
textes épiques était courante lors des campagnes militaires.

Le roi entendit le persiflage de Renart ; la colère le fait frémir et bouillir : il fait apporter deux cognées, et ils se mettent à couper le chêne. La panique a saisi Renart quand il s'est rendu compte de la chose : il voit les barons, tous en rang, et chacun attend de tirer vengeance. Il ne sait comment s'en sortir. Renart commence à descendre : dans sa main il tient une grosse pierre, il voit Isengrin qui s'approche de lui ; écoutez ce qu'il a fait de tout à fait extraordinaire ! Il en frappe le roi à côté de l'oreille : lui aurait-on donné cent marcs d'or que cela ne l'aurait pas empêché de tomber à terre. Tous les barons, qui ont entendu, sont accourus entre-temps. Renart saute en bas de l'arbre, il prend la fuite, tandis que de l'autre côté chacun lui crie après. Ils disent tous maintenant, autant qu'ils sont, que jamais ils ne se mettront à sa poursuite car ce n'est pas chose raisonnable : c'est vraiment un grand démon. Voilà le bon diable qui, lui, est tiré d'affaire ; il fuit le long d'un jardin ; les barons emportent le roi tout droit en sa demeure, au palais. Toute une journée le roi se fit baigner, et poser des ventouses, et puis saigner, jusqu'à ce qu'il recouvre l'état de santé dans lequel il se trouvait auparavant. Ainsi en réchappe Renart : que désormais chacun se méfie bien ! (Branche I.)

Arrêt
sur
lecture 2

De l'assaut à l'évasion

Le siège de Maupertuis

À la fin du «Jugement de Renart», nous avons laissé le goupil réfugié dans son repère en compagnie de sa femme Hermeline et de ses trois fils. Mais Noble et ses barons sont à sa pour-suite et vont venir porter le siège devant la demeure de Renart : la forteresse de Maupertuis. Durant six mois, les hommes du roi installent le camp militaire aux portes de la forteresse, mais ne parviennent pas à affaiblir les habitants du château. Les assauts successifs sont inutiles ; l'armée de Noble essuie des défaites.

La ruse du goupil

Par une nuit, Renart quitte son refuge et se glisse dans le cam-pement militaire du roi. Il attache soigneusement les guerriers et humilie la reine Fière qui s'était couchée à l'écart. Mais Renart n'a pas été assez prudent : il a oublié d'attacher Tardif, le lima-çon, qui donne l'alerte et qui libère rapidement les autres combattants et le roi. Renart est roué de coups, puis capturé ; le gibet est prêt et Renart va être pendu, car il a commis un crime de lèse-majesté : il a publiquement offensé Noble.

Le triomphe de Renart

Tout semble perdu quand au loin le roi aperçoit un convoi : c'est Hermeline, la femme de Renart, qui s'approche à vive allure pour sauver son mari. Le souverain cupide cède devant les richesses qui lui sont offertes et libère le goupil. Mais un nouveau rebondissement retarde la fin de la branche*. En effet, arrive le cortège funèbre de Pelé, le rat, que Renart a tué lors de sa capture. Renart réussit néanmoins à prendre la fuite après avoir infligé un nouvel affront au roi qu'il assomme d'un jet de pierre. Le goupil est parvenu une fois de plus à se tirer d'un mauvais pas.

L'illustration du texte

Les miniatures pour illustrer les textes du Moyen Âge

Quelques manuscrits* du *Roman de Renart* sont enluminés* : ils présentent à l'intérieur du texte des illustrations appelées miniatures*. Ce ne sont pas les moines copistes qui dessinent eux-mêmes mais d'autres moines très spécialisés qui travaillent dans des ateliers particuliers. Ces artistes font une véritable œuvre d'art qui donne une plus grande valeur au manuscrit. Les recueils enluminés, les manuscrits d'apparat, sont assez rares et très coûteux, car la fabrication des différentes couleurs utilisées pour les miniatures est délicate et chère. C'est avec des feuilles d'or qu'on produit le jaune ! La miniature ci-dessous s'intègre parfaitement dans le texte du manuscrit qui se développe tout autour, elle est précédée par deux lignes qui paraissent plus

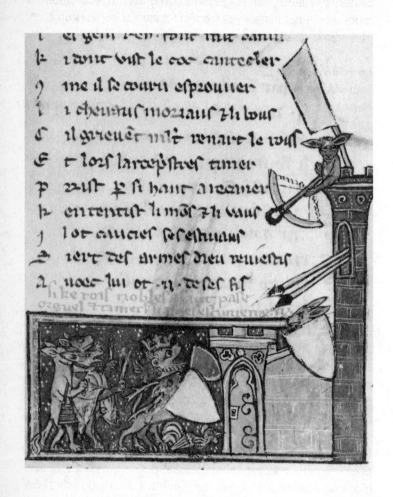

Voici une miniature du XIIIe siècle qui illustre le siège de Maupertuis.

claires sur l'illustration. Ces quelques lignes, qui sont à l'encre rouge sur le manuscrit*, servent d'indication à l'enlumineur*. Elles décrivent la scène qu'il doit illustrer : ici, Noble portant l'assaut devant la forteresse du goupil.

Lecture de l'image du siège de Maupertuis

Vous reconnaissez Renart en haut de la tour qui menace ses assaillants avec une arbalète. Il tourne sa tête vers nous, ce qui est une image de sa puissance. Légèrement plus bas, vous découvrez un des fils de Renart qui se protège derrière un bouclier. Maupertuis est une demeure fortifiée : de la fenêtre, deux longues lances acérées sont pointées en direction des assaillants. À l'extérieur du château, devant la porte d'entrée, Noble conduit l'assaut, il est reconnaissable grâce à la couronne qu'il porte. Sous le roi, on distingue Chantecler le coq. Derrière eux, les barons se pressent. Ils sont dans l'ensemble difficiles à reconnaître, car cette illustration, qui date du XIIIe siècle, a été légèrement abîmée par le temps. Ajoutons enfin que tous les barons ont la gueule ouverte en signe d'agressivité et de combativité.

Échos et originalité

Des ressemblances avec le « Jugement de Renart »

La répétition... – « Le siège de Maupertuis » reprend beaucoup d'éléments déjà rencontrés dans l'épisode précédent : « Le jugement de Renart ». Le convoi de Pelé rappelle celui de dame Coupée ; Renart, le baron révolté, fait dans ces deux épisodes le serment de devenir ermite pour échapper à la pendaison... On remarque également dans les deux cas que Renart fait référence à d'autres branches* dans lesquelles il a humilié ses adversaires.

Lorsqu'il confesse ses péchés à Grimbert, dans « Le jugement », le goupil évoque la tonsure qu'il a faite à Isengrin, l'épisode dans lequel il lui a fait perdre la queue dans la glace, etc. Lors du siège de Maupertuis, Renart monte au sommet de sa tour et injurie les assaillants en leur rappelant les tours qu'il a joués. Il s'adresse à Hersent qu'il a violée, à Isengrin qu'il a fait cocu, à Brun qu'il a trompé… Les deux récits se ressemblent donc sur de nombreux points.

… pour créer une tradition – Au Moyen Âge, les échos entre les textes qui composent *Le Roman de Renart* ne sont pas considérés comme de mauvaises répétitions. Ils vont créer un personnage, le goupil, que les auditeurs et les lecteurs reconnaissent immédiatement : le récit s'inscrit ainsi dans la tradition des aventures de Renart. Ces redites permettent en même temps de provoquer un étonnement par les multiples variations dans le récit : la poule Coupée devient un rat ; Renart séduit d'abord la louve, puis Fière… L'auditeur est ainsi sans cesse pris entre ces deux sentiments de reconnaissance et de surprise. La répétition est donc très présente dans *Le Roman de Renart*, à tel point qu'elle devient un véritable mode de composition. Les branches*, si différentes par leurs thèmes, trouvent une unité dans la répétition.

L'originalité du passage

Face aux ressemblances qui existent entre ces différents épisodes, on note toujours une volonté de proposer une aventure nouvelle. Dans « Le siège de Maupertuis », l'originalité provient essentiellement de la portée parodique* du passage. La parodie repose sur l'imitation volontaire de la chanson de geste* et sur le décalage permanent entre l'univers des chevaliers du roi de France, représenté dans ces chansons, et celui des animaux du *Roman de Renart*. On nomme ce procédé d'écriture l'héroï-comique* : il consiste à traiter un sujet noble, ici la geste épique*, avec un style bas, ici la présence des animaux.

La description de la forteresse qui occupe tout le début du texte, le siège organisé par le roi, les assauts successifs... sont des motifs* qui appartiennent au genre de la chanson de geste*. De plus, à la fin du passage, l'allusion aux exploits militaires d'Ogier le Danois et de Lanfroi (tous deux sont des chevaliers célèbres) renforce cette volonté de constituer un texte parodique*. Renart, qui demande qu'on lui récite ces chansons, se moque évidemment du roi et de ses hommes. Dans le récit, les éléments épiques sont présents pour faire rire : Noble et ses barons restent des animaux que Renart aime humilier.

Renart et les personnages féminins : une attitude ambiguë

Hersent la louve et Fière la lionne – Dans *Le Roman de Renart*, le goupil humilie deux femmes : Hersent, l'épouse d'Isengrin, et la reine Fière. Toutes deux crient au scandale et injurient dans un premier temps le goupil. Le viol est un crime et Renart doit être puni. Malgré tout, le comportement d'Hersent comme celui de Fière est ambigu* : les deux femmes sont également séduites par Renart. Au début du « Jugement de Renart », Isengrin accuse le goupil de l'avoir fait cocu et demande réparation de l'adultère devant le roi. Interrogée par Grimbert lors du procès, Hersent est d'abord furieuse contre Renart puis essaie de le disculper en condamnant la jalousie de son mari. Dans « Le siège de Maupertuis », la reine est dans un premier temps courroucée contre Renart et se met à hurler pour qu'on lui porte secours. Ensuite elle apporte à Grimbert une lettre destinée à sauver le goupil, elle donne également un rendez-vous secret à Renart. On peut même ajouter que dans « Le jugement de

Renart », la reine a déjà offert un anneau au goupil en signe de profonde amitié.

Deux modèles : le fabliau et le roman courtois – Le but n'est pas de condamner l'adultère, mais plutôt de ridiculiser les maris qui délaissent leurs épouses et de montrer la supériorité de Renart. Ce thème du mari cocu est fréquemment présent dans un genre proche du *Roman de Renart* : le fabliau*, qui se moque violemment des maris jaloux et trompés. Dans « Le jugement de Renart », on peut penser que Noble apprécie le récit d'adultère que lui fait Isengrin, car il se moque de la réalité des faits et compare le récit à un fabliau. Pour le roi, Isengrin n'est qu'un mari cocu dont on peut rire.

Le goupil est aussi un séducteur, il plaît aux femmes. Le thème de l'amour éprouvé par un chevalier pour une dame mariée appartient à l'univers du roman courtois*. Dans *Tristan et Iseut* par exemple, qui est une œuvre majeure au Moyen Âge, le vaillant chevalier est amoureux d'une dame qui doit épouser le roi Marc. L'amour se place au-dessus du mariage et de l'adultère et finit par triompher. *Lancelot ou Le Chevalier à la charrette*, un récit de Chrétien de Troyes, conte l'amour de Guenièvre, l'épouse du roi Arthur, pour le chevalier Lancelot. L'adultère n'est pas condamné dans le roman courtois qui donne plus de valeur à l'amour qu'à l'institution du mariage.

à vous...

1 – Relevez les différents termes qui permettent de décrire la forteresse du goupil. Cherchez leur définition dans un dictionnaire. Faites un schéma de la forteresse de Renart en faisant figurer tous les détails de la description. À votre avis, le

château fort du goupil ressemble-t-il à un véritable château du Moyen Âge ?

2 – Les chevaliers de Noble ont installé leur campement au pied de la forteresse. Par quel membre Renart attache-t-il les barons ? Quel effet cela crée-t-il ? Quel procédé l'auteur utilise-t-il ?

3 – Qui libère les chevaliers ? Avez-vous déjà rencontré ce personnage dans une autre branche* du *Roman de Renart* ? À votre avis, dans quelle intention l'auteur insiste-t-il sur ce personnage ?

Chantecler, Mésange et Tibert

Renart et Chantecler le coq

Seigneurs, vous avez entendu bien des histoires que vous ont racontées nombre de conteurs, sur la façon dont Pâris enleva Hélène, sur les malheurs et les peines que cela lui causa ; vous avez entendu parler de Tristan, dans le récit qu'en a fait avec un certain talent La Chèvre, ainsi que des fabliaux et des chansons de geste ; vous connaissez des histoires en français sur Lui et sur la bête que beaucoup d'autres relatent à travers la terre ; mais jamais vous n'avez entendu parler de la guerre qui fut si épouvantable et si dure, celle qui opposa Renart et Isengrin ; elle dura longtemps et fut très violente ; c'est la vérité toute pure que les deux seigneurs n'ont jamais, au grand jamais, eut d'affection l'un pour l'autre ; ils se sont affrontés en mainte bataille et maint combat, voilà la vérité. […]

Renart, le grand spécialiste des mauvais tours et des stratagèmes, toujours expert en matière de ruse, s'en vint cheminant vers un hameau. Le hameau se trouvait en pleine forêt ; il regorgeait de poules et de coqs ; les canards y étaient en abondance ainsi que les oies ; le seigneur du lieu, Constant des Noues, un riche propriétaire, habitait tout près de leur enclos ; sa maison était richement fournie ; il avait abondamment pourvu sa demeure de poules et de chapons. Il y avait quantité de vin et d'autres choses, de la viande salée, du blé et des flèches de lard : le paysan avait du bien à profusion. Il était fort bien logé, et son verger était fécond : il donnait une belle récolte de bonnes cerises, et beaucoup de fruits de plusieurs variétés, pommes et autres. C'est vers là que Renart s'en va, en musardant[1] : le jardin était parfaitement clôturé avec de gros pieux de chêne munis de pointes, qui maintenaient une palissade d'aubépines. C'est là-dedans que maître Constant avait enfermé ses poules, parce que le lieu était protégé. Renart s'en va dans cette direction, sans faire aucun bruit, le museau à terre : il se dirige droit sur l'enclos ; certes, Renart était très fort pour trouver ses proies mais la force de la haie d'épines perturbe à ce point ses projets, qu'il ne peut en venir à bout ; il ne peut ni en approcher en cachette ni sauter l'obstacle, et pour-

1. En musardant : en se promenant.

tant il ne veut pas renoncer aux poules; il s'est accroupi au milieu du chemin, il se démène, il tend son cou dans tous les sens : il réfléchit et se dit que s'il saute par-dessus, il risque – dans la mesure où il tomberait de si haut, pour le cas où on le verrait et où les poules se réfugieraient sous les aubépines – d'être rapidement surpris, avant même qu'il n'ait attrapé quelque chose. Le voilà dans une grande agitation : il voudrait attirer à lui les poules qui sont en train de picorer devant lui. Et Renart progresse en se levant et en s'aplatissant tour à tour; il se tapit à l'abri de la clôture, et découvre, du côté intérieur, un pieu brisé; à l'endroit où la palissade présente une brèche, le paysan avait planté quelques clous. Renart s'avance, franchit la clôture, se laisse tomber d'un bloc pour éviter que les gens ne le voient. Mais le choc fait lever la tête aux poules; elles l'ont entendu dans sa chute. Toutes se dépêchent de fuir.

Monseigneur Chantecler le coq se trouvait dans un petit sentier du bois; il avait passé entre deux pieux, par la rigole, et s'était retiré un peu à l'écart. Il vient se planter fièrement devant les poules, avec son cou emplumé, et se rengorge; il demande pour quelle raison elles s'enfuient vers la maison. Pinte prend la parole, elle qui était la plus sage, celle qui pondait les plus gros œufs et qui couchait près du coq, à sa droite. Elle lui a raconté son affaire, déclarant : «Nous avons eu peur! – Pour quelle raison?

Quel genre de chose avez-vous vue? – Je ne sais quelle bête sauvage, qui risque de nous faire rapidement des dégâts, si vous ne faites vite évacuer cet enclos. – Tout cela n'est rien, je vous assure, dit le coq, n'ayez crainte, restez ici en toute confiance!» Pinte dit alors : «Par ma foi, je l'ai vue, et je vous l'affirme en toute loyauté : je l'ai vue, c'est absolument certain! – Et comment l'avez-vous vue? – Comment? J'ai vu la clôture trembler et bouger la feuille du chou derrière lequel se tapit la bête. – Pinte, répond-il, cela suffit! Vous êtes en période de trêve[1], je vous le garantis, car, au nom de la foi que je vous dois, je ne connais pas de putois ou de renard qui oserait pénétrer dans ce jardin : c'est une plaisanterie; retournez d'où vous venez!» Et il s'en revient vers son fumier, car il ne redoute rien de ce que pourrait lui faire renard ou chien. Il se comporte tout à fait comme s'il n'avait rien à craindre, sans se rendre compte de ce qui lui pend au nez! Il ne redoute rien : quelle folie! Un œil ouvert et l'autre fermé, une patte repliée et l'autre droite, il s'est installé près d'un toit. C'est là que Chantecler s'est appuyé, las de chanter et de veiller, et le voilà qui commence à s'assoupir. Tandis qu'il s'endort et profite d'un agréable sommeil, le coq commence à rêver. Ne me prenez pas pour un menteur : en effet,

---

1. Période de trêve : période de paix.

LE ROMAN DE RENART

il songe, c'est la vérité pure – on peut le trouver dans
l'histoire dont je m'inspire – qu'il y a dans la cour,
pourtant bien fermée, je ne sais quelle chose qui lui
arrive droit dessus, c'est du moins son sentiment; il
en a une peur bleue; la chose porte une pelisse
rousse dont la bordure est faite d'os, et elle la lui met
de force sur le dos. Chantecler est fort tourmenté par
ce songe qui l'agite ainsi, alors qu'il continue de
dormir. Il est intrigué par cette pelisse dont l'encolure est de travers et qu'il a, en plus, mise à l'envers;
il est très serré à l'encolure, il y est tellement à
l'étroit qu'il a failli se réveiller; mais la chose qui l'a
stupéfait le plus, c'est que la pelisse est blanche au
niveau du ventre et qu'il y entre par l'encolure. Le
songe l'a fait sursauter, car il croit bien qu'un malheur lui est arrivé, à cause des visions qu'il a eues et
qui l'ont terrorisé. Le coq s'est réveillé, il a repris[1]
ses sens, et s'écrie : «Saint-Esprit, protège-moi en ce
jour de la prison et garde-moi sain et sauf!»

Il s'en revient alors à vive allure, point du tout
rassuré, et arrive en courant auprès des poules qui
étaient rassemblées sous les aubépines. Il ne s'arrête
pas avant de les avoir trouvées : il appelle Pinte, en
qui il a la plus grande confiance; il la fait venir à
l'écart : «Pinte, il ne sert plus à rien de dissimuler!

---

1. Le songe de Chantecler parodie* celui de Charlemagne qu'on trouve dans *La
Chanson de Roland*.

Me voilà bien en peine et tout abasourdi[1], je crains fort d'être attaqué en traître par un rapace ou une bête sauvage qui risque de me mettre à mal, cela ne va pas tarder. – Allons ! dit-elle, mon cher et tendre époux, il ne faut pas dire des choses pareilles ! Vous avez tort de vous effrayer ainsi ; je vais vous dire une chose, venez par ici : par tous les saints que l'on invoque, vous ressemblez au chien qui crie avant que la pierre qu'on lui jette ne tombe. Pourquoi avoir eu si peur ? Dites-moi donc ce qui vous tracasse ! – De quoi ? dit le coq, vous ne savez donc pas que j'ai fait un rêve étrange, près de ce trou, là, à côté de la grange, qui fait que vous me voyez devenu si pâle, et que j'ai eu des visions vraiment affreuses ! Je vais vous raconter tout ce que j'ai vu en songe, et je ne vous en cacherai rien. Serez-vous en mesure de m'aider de vos conseils ? J'ai rêvé dans mon sommeil que je ne sais quelle bête arrivait, avec une pelisse rousse fabriquée d'un seul morceau, sans coups de ciseaux, et qu'elle me la faisait revêtir de force ; l'embouchure était faite d'os, toute blanche, mais très dure ; le poil était tourné vers l'extérieur. Cette pelisse ainsi faite, je me la passais par l'encolure, mais je séjournais fort peu de temps à l'intérieur. C'est ainsi que j'avais enfilé la pelisse, mais j'en sortis à reculons. À ce stade de l'opération,

---

1. Abasourdi : stupéfait.

j'étais intrigué de voir la queue au-dessus de moi. Je suis arrivé ici complètement désemparé. Pinte, ne vous étonnez pas si mon cœur en frémit et tremble! Mais dites-moi, que vous en semble? Le songe me tourmente beaucoup. Au nom de la foi que vous me devez, savez-vous quelle est la signification de tout cela?» Pinte, en qui il a toute confiance, prend la parole et dit : «Vous m'avez exposé le songe [...]. Cette chose que vous avez vue pendant que vous dormiez, qui vous revêtait de la pelisse, et qui vous plongeait dans un tel état d'abattement, eh bien, c'est le renard, j'en ai la certitude; il vous est facile d'en avoir la preuve, avec la pelisse de couleur rousse qu'il vous revêtait de force; l'embouchure faite d'os, ce sont les dents, qu'il plantera sans aucun doute là-dedans; l'encolure qui est de travers, qui vous paraissait si pénible et si étroite, c'est la gueule de l'animal, dans laquelle il vous serrera la tête : c'est de ce côté-là que vous y entrerez; incontestablement, vous allez y entrer; la queue relevée, par tous les saints du monde entier, signifie que le renard qui vous attrapera par le cou, quand il arrivera, aura la queue dressée. Voilà ce qu'il en est, que Dieu me vienne en aide! Ni or ni argent ne vous en sauveront! [...] Vous venez d'entendre, sans erreur possible, l'explication de ce qui vous est apparu en songe : je vous le déclare sans aucune ambiguïté[1],

---

1. Sans aucune ambiguïté : avec certitude.

avant que vous n'ayez vu passer midi, il vous attaquera, voilà la vérité! Aussi, si vous vouliez m'en croire, vous retourneriez d'où vous venez, car il est caché là-derrière, dans ce buisson, j'en ai la certitude, pour vous assaillir en traître et vous prendre au piège.»

Quand le coq eut entendu l'explication de son rêve, selon l'interprétation qu'en donna la poule, il lui dit : «Pinte, tu es complètement folle! Quel vilain discours tu m'as tenu là! Tu prétends que je serai attrapé par surprise et que la bête qui s'emparera de moi par la force se trouve déjà à l'intérieur de l'enclos; au diable qui croira jamais de telles sornettes! Tu ne m'as rien dit à quoi je puisse m'en tenir : je ne croirai jamais, à cause d'un rêve de ce genre, si du moins les choses tournent bien, qu'un malheur m'arrivera. – Seigneur, lui répond-elle, que Dieu vous l'accorde! Mais si la situation n'évolue pas comme je vous l'ai annoncé, je veux bien, sans contredit, ne plus être votre amie! – Pinte, dit le coq, il n'en est pas question! Il est clair que ce rêve n'est qu'affabulation[1]!» Après cela, il s'en est retourné à son tas de balayures pour se chauffer au soleil, et recommence à somnoler. Et dès qu'il est sûr de son coup, Renart, si prudent et extraordinairement malin, voyant que le coq est en train de dormir, s'approche

1. Affabulation : pure imagination.

de lui sans perdre de temps; il s'approche, Renart qui s'en prend au monde entier et qui connaît tant de mauvais tours, pas à pas, mais sans faire aucun détour; il s'en va en baissant sa tête. Si Chantecler attend assez longtemps pour risquer d'être saisi à belles dents, Renart le lui fera regretter!

Quand Renart aperçoit Chantecler, aussitôt il veut le happer[1]. Renart bondit, impatient, et Chantecler esquive d'un saut de côté. Il découvre Renart, et le reconnaît sans peine : il s'arrête sur le fumier. Quand Renart voit qu'il a manqué son coup, il se sent tout déconfit. Il médite alors au moyen de se dissimuler, et à la façon dont il pourrait piéger Chantecler, car s'il n'arrive pas à le manger, alors il aura perdu son temps. «Chantecler, lui dit Renart, ne t'enfuis pas, n'aie pas peur! Je suis fort aise de te voir en bonne santé, car tu es mon cousin germain!» Chantecler est alors rassuré : de joie il poussa un petit cocorico. Renart dit à son cousin : «Te souvient-il encore de Chanteclin, ton cher père, qui t'engendra? En effet, jamais aucun coq n'a chanté aussi bien! On aurait pu l'entendre à une grande lieue de distance! Il chantait fort haut, la chose est bien connue. Il avait assez de souffle pour chanter longtemps, haut et fort, d'une voix puissante.» Chantecler lui répond : «Renart, mon cousin, nous irons jouer ensemble le matin!

---

1. Happer : saisir.

– Certes, dit Renart, je n'en ai pas l'intention, mais chantez donc et fermez les yeux : nous sommes d'une même chair et d'un même sang ; je préférerais perdre une jambe plutôt que de voir qu'il t'arrive malheur, car tu es mon très proche parent !» Chantecler réplique : «Je n'en crois pas un mot ! Retire-toi un peu à l'écart : je vais chanter une chanson, et il n'y aura pas de voisin tout à la ronde qui n'entendra parfaitement ma voix de fausset[1] !» Et Renart de se mettre à rire : «Eh bien ! dit-il, chantez donc, mon cousin ! Je saurai bien si mon oncle Chanteclin ne valait rien en comparaison de vous !» Le coq commence à chanter haut et fort et pousse un cri ; il garde un œil fermé et l'autre ouvert, car il avait grand-peur de Renart. Il n'arrête pas de regarder dans sa direction. Renard lui dit : «Ce que tu viens de faire ne vaut rien ! Chanteclin se débrouillait autrement : à longs traits, les deux yeux fermés ; on l'aurait bien entendu dans vingt basses-cours !» Chantecler s'imagine qu'il dit vrai : il laisse courir sa mélodie, les yeux fermés, avec grande énergie. Alors Renart ne veut plus attendre. Bondissant depuis un chou rouge sous lequel il était tapi, Renart saisit le coq en plein milieu du cou ; il s'enfuit et se réjouit fort d'avoir réussi à attraper une proie. Pinte se rend compte que Renart l'emporte, elle en est accablée et

1. Voix de fausset : voix très aiguë.

complètement désespérée; en voyant Chantecler enlevé, elle se met à se lamenter, disant : «Seigneur, je vous l'avais bien dit, et vous, vous n'avez pas cessé de vous moquer de moi et de me traiter de folle! Mais voici que se sont réalisés les avertissements dont je vous avais fait bénéficier! Vos raisonnements vous ont trompé. Vous avez été fou de vous laisser attraper, le fou n'a pas peur tant qu'il n'est pas attrapé; Renart vous tient et vous emporte : pauvre de moi! malheur à moi! je suis comme morte d'avoir ainsi perdu mon mari et seigneur! À tout jamais, j'ai perdu mon honneur!»

La brave dame du lieu avait ouvert la porte de sa basse-cour, car c'était le soir et elle voulait enfermer ses poules. Elle appelle Pinte, Bise et Roussette : ni l'une ni l'autre ne revient. Quand elle voit que les poules ne sont pas arrivées, elle se demande ce qu'elles peuvent bien faire. Elle pousse de grands cris pour rappeler son coq : elle aperçoit alors Renart qui le fait tant souffrir; elle se précipite pour le secourir et le renard se met à détaler. Voyant qu'elle n'arrivera pas à le rattraper, elle se décide à crier : «Haro[1]!» à pleine voix. Les paysans qui sont en train de jouer à la choule[2], en entendant la femme appeler, se sont tous dirigés de ce côté et lui demandent ce qu'elle a; elle leur raconte l'incident en

1. Haro : cri d'appel à l'aide.
2. La choule : jeu de boules où on emploie un maillet.

poussant des soupirs : « Pauvre de moi ! quel affreux malheur ! – Comment, font-ils, qu'avez-vous perdu ? – Mon coq, que le renard emporte ! » Et Constant de l'apostropher : « Sale vieille putain ! qu'avez-vous fait pour ne pas l'attraper ? – Seigneur, répond-elle, vous avez tort de parler ainsi ! Par les saints du Paradis, il m'était impossible de le prendre ! – Pourquoi ? – Il n'a pas voulu m'attendre !… – Et si vous l'aviez frappé ! – Je n'avais rien sous la main ! – Et avec ce bâton ? – Par Dieu, impossible ! Car il s'en va à une telle allure que deux mâtins ne pourraient l'attraper ! – Par où est-il parti ? – Par là, tout droit ! » Les paysans se précipitent, criant tous ensemble : « Là, allez ! Là, allez ! » Renart qui se trouve devant, entend le vacarme : il arrive au passage dans la clôture, il saute en bas et heurte le sol de son cul. Les autres ont entendu le bruit qu'il a fait en sautant ; ils s'écrient tous ensemble : « Allez, par là ! allez, par ici ! » Constant les interpelle : « Allez, dépêchez-vous, prenez-le en chasse ! » Les vilains courent à toutes jambes. Constant hèle son mâtin, celui que l'on appelait Malvoisin. À force de courir, ils arrivent à portée de vue de Renart. Tous se mettent à crier : « Regardez, là, le renard ! » Voilà Chantecler en péril de mort s'il n'use, à son tour, d'un stratagème et d'une feinte ; il dit : « Comment, seigneur Renart, vous n'entendez donc pas qu'ils vous font honte, ces paysans qui crient ainsi après vous ? Constant vous poursuit à toute allure : lancez-lui donc une de vos plaisanteries, en sortant par cette porte! Quand il hurlera : "Renart l'emporte!" vous pourrez lui rétorquer "À votre nez et à votre barbe!" Vous ne sauriez mieux le mettre en déconfiture!»

Il n'y a pas de sage qui ne commette une fois de folie : Renart, qui trompe le monde entier se laissa piéger cette fois-là; il s'écrie à haute voix : «À votre nez et à votre barbe! dit-il, j'emporte ma part de celui-là! C'est malgré vous qu'il vous sera enlevé!» Le coq, qui est à l'article de la mort, sentant l'étreinte de la gueule se relâcher, se met à battre des aires [...]; à tire-d'aile il s'en vient sur un pommier, et Renart reste en bas sur le fumier, furieux et accablé, tout à ses mornes pensées, à cause du coq qui lui a échappé. Chantecler le raille, lui disant : «Renart, que vous en semble-t-il? Que pensez-vous de ce bas monde?» Le coquin frémit et tremble, il lui dit en traître : «Seigneur, maudite soit la bouche qui se mêle de faire du bruit au moment où elle devrait se taire!» Chantecler réplique : «Telle est ma volonté! Que la male goutte[1] lui crève l'œil, à celui qui se permet de dormir au moment où il devrait veiller! Renart, mon cousin, ajoute Chantecler, on ne peut plus avoir confiance en vous! je renonce à votre cousinage et vous le laisse; il a failli me causer des

---

1. La male goutte : la goutte est une maladie très douloureuse.

ennuis. Renart, sale bête rousse, allez-vous-en ! Si vous restez ici plus longtemps, vous y laisserez votre peau ! » Renart ne se soucie guère de ses boutades[1] ; il n'a pas envie de poursuivre l'entretien, et il s'en retourne sans prendre de repos ni faire de pause ; il est affamé et son cœur est sans force ; à travers des broussailles, en bordure d'un champ, il prend la fuite, en suivant un sentier ; grande est sa peine, et il se lamente amèrement sur le coq qu'il a laissé échapper, car en l'occurrence il n'est pas du tout rassasié.

Renart et la mésange

Tandis qu'il se plaint de la ruse dont il a été victime de la part du coq, voici qu'il découvre une mésange perchée sur la branche d'un chêne creux dans lequel elle avait abrité ses œufs. Renart l'aperçoit et la salue : « Commère, bienvenue à vous ! Descendez donc et venez m'embrasser ! – Renart, dit-elle, taisez-vous ! Vous êtes, il est vrai, mon compère : si seulement vous n'étiez pas aussi tricheur ! Mais vous avez joué tant de tours pendables à tant d'oiseaux, à tant de biches, qu'on ne sait plus à quoi s'en tenir avec vous ! Les diables vous ont à ce point corrompu qu'il est impossible de croire à la vérité de ce que vous dites. » Le renard lui répond : « Dame, aussi vrai que votre fils est mon filleul, de façon régu-

---

1. Boutades : plaisanteries.

lière, par son baptême, jamais je n'ai manifesté ne serait-ce que la moindre apparence d'un comportement qui pût vous déplaire. Savez-vous pourquoi je veux renoncer au mal? Il est juste que nous vous le disions : Monseigneur Noble le lion a fait actuellement jurer la paix[1] partout, et cette paix, s'il plaît à Dieu, sera durable; il l'a fait proclamer à travers son royaume et a ordonné à ses vassaux qu'ils la respectent et la conservent : les petites gens en sont fort heureux car maintenant, en de nombreuses régions, cesseront les querelles, les conflits et les guerres mortelles; les animaux, grands et petits, Dieu merci! sont grâce à cela, bien tranquilles!» La mésange répond à ces propos : «Renart, vous essayez là de m'embobiner! Non! au nom de Dieu, cherchez une autre victime, car moi, vous ne m'embrasserez pas aujourd'hui; jamais, quels que soient les discours que vous me teniez, ce baiser ne vous sera accordé!»

Quand Renart entend que la commère ne fera rien pour son compère, il lui dit : «Dame, écoutez-moi! Puisque vous avez peur de moi, je vous embrasserai les yeux fermés. – Ma foi, répond-elle, je vais donc le faire! Fermez les yeux!» Renart alors a fermé les yeux, et la mésange a saisi une pleine poignée de mousse et de feuilles : elle n'a aucune envie d'aller l'embrasser! Elle commence à lui en frotter les

---

1. La paix : le roi a signé un accord de paix interdisant toute guerre sur son territoire.

moustaches, et quand Renart croit la happer il n'attrape que la mousse qui est restée accrochée à ses moustaches. La mésange lui crie : «Eh bien, Renart, quelle est cette drôle de paix ? Vous auriez eu vite fait de rompre la trêve si je ne m'étais pas reculée ! Vous disiez à l'instant que la paix était confirmée et qu'elle était jurée, et que c'est votre suzerain qui l'avait fait jurer !» Renart se met à lui parler, en poussant un glapissement : «Certes, ce n'était qu'une plaisanterie, pour vous faire peur ! Mais quelle importance ? Allons, recommençons ! Je vais fermer les yeux une nouvelle fois.» Elle répond : «Eh bien ! restez sans bouger !» Le renard, expert en tromperie, baisse les paupières : la mésange s'approche par-devant et lui frôle la gueule, mais n'y pénètre pas, tandis que Renart a jeté ses mâchoires en avant ; il croit l'attraper mais manque son coup. «Renart, lui dit-elle, que signifie ce manège ? Il n'est plus jamais question de vous croire ! Comment pourrais-je vous croire ? S'il m'arrive encore d'avoir confiance en vous, que le feu de l'Enfer me consume !» Renart lui dit alors : «Tu es trop peureuse ! Je l'ai fait pour te faire quelques émotions et te mettre un peu à l'épreuve, car tu peux être sûre que je n'y mets aucune volonté de traîtrise ou de perfidie. Allez, revenez donc une fois de plus ! La troisième fois est la bonne, c'est la règle [...]» Mais la mésange fait la sourde oreille, car elle n'est ni folle ni naïve : elle reste perchée sur la branche du chêne. Tandis que Renart plaide ainsi sa cause, voici que surgissent des veneurs[1], des valets menant des braques et des chiens courants qui lui tombent sur le paletot[2]. D'avoir été reconnu, Renart est tout abasourdi[3] : il se prépare à fuir et redresse sa queue en arc. La valetaille pousse de grands cris, les trompes et les cornets résonnent ; quant à Renart, il met les jambes à son cou car il n'est que très peu rassuré de les voir. Et la mésange l'interpelle : «Renart, voilà une paix publiquement proclamée, comme vous le prétendiez, bien vite interrompue ! Attendez-moi, je vais vous rejoindre et vous donner un baiser d'affection ! Où fuyez-vous ? Revenez par ici !» Renart est assez habile et malin pour lui parler tout en s'éloignant, et lui adresser ce mensonge : «Dame, il est vrai que la trêve est jurée, promise et confirmée, et que la paix est parfaitement établie, mais on n'est pas au courant de la chose partout : ce sont des jeunes chiens qui viennent ici et ils n'ont pas encore fait le serment, comme l'ont juré leurs pères, de maintenir la paix que ceux-ci respectent. Ils n'avaient pas encore l'âge de raison, le jour où leurs parents ont juré de maintenir la paix, pour qu'on les fît venir à la cérémonie. – En vérité, vous voilà bien

1. Veneurs : chasseurs.
2. Tomber sur le paletot : expression qui signifie maltraiter, agresser.
3. Abasourdi : stupéfait.

méchant! vous croyez qu'ils enfreindraient la paix? Revenez donc et embrassez-moi! – Je n'en ai pas tellement le loisir maintenant! mais il est vrai que votre suzerain a juré la paix.» Renart s'en va et ne veut rien ajouter; il connaît les chemins de traverse. C'est alors qu'il rencontre un frère convers[1] qui avait emmené avec lui deux vautres[2] enchaînés. Le valet qui est le premier à poursuivre Renart, en voyant les limiers[2] et découvrant le convers, lui crie : «Délie, allez, délie tes chiens! Regarde là, il y a un renard, il ne s'en tirera pas sans mal!» Renart, en l'entendant, soupire, car il sait bien qu'il sera en mauvaise posture si on arrive à le retenir; il voit avec le valet des gens parfaitement capables, chacun d'eux, s'ils le tenaient entre leurs mains, de l'écorcher sans hésiter à la pointe de leurs couteaux. Il a peur de perdre sa peau, à moins que la ruse ne triomphe de la force. Il craint fort d'y laisser sa pelisse si sa rhétorique[3] ne lui est pas de quelque secours. Le convers musarde en chemin et va à droite et à gauche; Renart, lui, ne recule pas, mais il ne peut ni se cacher ni s'esquiver; impossible de fuir nulle part ni d'échapper en aucune manière. Voici que le convers le découvre; il se précipite sur lui, menaçant : «Ha! ha! vaurien, tu ne te sauveras pas! – Seigneur, au nom de Dieu, fait

1. Frère convers : moine qui se consacre aux travaux manuels.
2. Vautres, limiers : chiens de chasse.
3. Rhétorique : art de bien parler. Renart utilise la parole pour tromper le moine.

Renart, ne parlez pas ainsi, car vous êtes un saint homme, un ermite, et cela vous interdit de priver, où que ce soit, un homme de ses droits. Si j'étais, maintenant, arrêté en ce lieu ou gêné dans ma fuite par vos chiens, c'est sur vous que retomberait le péché, et moi j'en serais furieux, car j'en assumerais tout le préjudice : nous faisions la course, ici, suite à un pari entre moi et cette bande de chiens ; l'enjeu en est considérable ! »

Le religieux pense qu'il dit la vérité ; il le recommande à Dieu et à saint Julien, et s'en va. Renart ne perd pas de temps, éperonne vigoureusement son cheval ; par un sentier qui suit une vallée, il fuit, traversant les champs. Les cris qui s'intensifient derrière lui font accélérer l'allure. Arrivé à un chemin, il trouve un passage qui lui permet de sauter pardessus un grand fossé : les chiens, à cet endroit, l'ont perdu ; ils sont désormais incapables de prendre le vent ou de suivre la trace, et Renart, qui a bien brouillé la piste, ne perd pas de temps à attendre un quelconque compagnon, car il redoute fort les morsures de mâtin. Pas étonnant qu'il soit épuisé, car il a passé beaucoup de temps à fuir ce jour-là, et n'a trouvé que mésaventures. Mais qu'importe ? Le voilà en sécurité ! Il a eu bien des fatigues, parce que la malchance s'est acharnée sur lui. Parce qu'il est obligé de s'en aller et de fuir, il abreuve ses ennemis de menaces.

Renart et Tibert

Tandis qu'il se plaint de l'aventure qu'il a vécue, il regarde et voit au milieu d'une rue Tibert le chat qui s'amuse, sans compagnon et sans escorte, en jouant avec sa queue et faisant de grands sauts et des tours sur lui-même. En plein bond, il regarde et voit Renart – que les flammes de l'enfer le brûlent ! – il le reconnaît bien à son pelage roux : « Seigneur, soyez le bienvenu ! » lui dit-il. Renart lui répond avec méchanceté : « Tibert, je ne vous salue pas, moi ! Il vous en cuirait si vous veniez là où je risque de me trouver, car, par ma tête, je vous rosserais bien volontiers, si j'en avais l'occasion ! » Tibert n'a plus qu'à se taire, car Renart est fort irrité. Tibert s'avance vers lui, l'air humble et sans faire aucun bruit, en lui disant : « Cher seigneur, je suis bien fâché de vous voir en colère contre moi ! » L'état de Renart s'était plutôt détérioré, à force de jeûne et de mauvais traitements. Il n'a pour le moment aucune envie de faire des histoires, car il avait beaucoup jeûné ce jour-là. Tibert, lui, était bien reposé, il avait tous les poils de sa moustache blancs et les dents petites mais tranchantes ; il avait aussi de grands ongles pour griffer[1]. Si Renart avait l'intention d'en triompher, je crois que l'autre voudrait se défendre ; mais Renart ne veut pas se lancer dans un conflit contre Tibert, car en plusieurs endroits, il a la

---

1. Tibert n'est pas un chat domestique mais un énorme chat sauvage.

peau déchirée. Il change de langage et dit : «Tibert, j'ai entrepris une guerre très dure et très féroce contre mon compère Isengrin, et j'ai, dans ce but, engagé maints mercenaires ; aussi voudrais-je vous prier instamment de rester avec moi, à ma solde, car avant que la trêve ne soit rétablie entre lui et moi, je pense lui créer encore bien des ennuis ! »

Tibert le chat est tout à fait ravi de la requête que lui présente Renart, et il se retourne vers lui en disant : «Seigneur, je vous promets de ne jamais vous faire défaut, et que j'irai volontiers attaquer maître Isengrin, car il a mal agi à mon égard aussi bien en paroles qu'en actes ! » Renart l'a si bien embobiné qu'ils passent tous les deux un accord : ils s'en vont de concert et se tiennent compagnie. Renart, qui est foncièrement pervers, ne cessa pas un seul instant de haïr le chat, et s'efforce de le prendre en traître : il s'attache tout entier à la réalisation de ce projet. Il examine un étroit sentier et découvre dans une ornière[1], entre le bois et le chemin, un piège fait d'un tronçon de chêne fendu, qu'un vilain y avait déposé. Il est malin et l'évite très facilement ; maître Tibert ne perd rien pour attendre, car s'il arrive à l'attirer dans le piège, il lui fera passer un mauvais moment ! Renart l'apostrophe en riant. «Tibert, lui dit-il, voilà pourquoi je vous estime :

1. Ornière : trace profonde creusée dans un chemin.

vous êtes brave, vous avez belle allure et votre cheval est très rapide ; montrez-moi ses talents à la course ! Prenez ce chemin où il y a beaucoup de poussière et faites-le courir sur toute la longueur de ce sentier ! Le terrain est plat et de belle qualité. » Tibert le chat est très excité, et le comportement de Renart est tout à fait diabolique : il veut lui faire commettre une folie. Tibert s'apprête à éperonner sa monture, il court et court encore, à petits bonds jusqu'à ce qu'il soit à la hauteur du piège ; quand il y arrive, il se rend bien compte que Renart essaye de s'en servir pour lui jouer un tour, mais il n'en laisse absolument rien voir. Il esquive et saute par-dessus le piège en s'écartant d'un demi-pied[1], et Renart, qui l'a bien guetté, lui dit : « Vous vous y prenez mal, vous faites courir le cheval de travers ; vous vous êtes éloigné de la trajectoire, il faut recommencer, allez, éperonnez encore une fois et menez votre cheval plus droit ! – Volontiers, lui répond le chat, dites-moi comment je dois faire ! – Comment ? Il faut aller tout droit, l'empêcher de faire un écart et de sortir du chemin ! »

Le chat lance sa monture à bride abattue, jusqu'à l'endroit où il voit le piège posé ; il ne l'esquive pas, mais le franchit d'un bond. Renart, qui a vu le saut, se rend parfaitement compte que le chat a aperçu le piège et qu'il n'arrivera pas à le tromper. Il réfléchit

---

1. Demi-pied : ancienne mesure française qui équivaut à seize centimètres.

à ce qu'il va dire et à la façon de lui jouer un tour. Il s'approche de lui et l'interpelle de la sorte, sur un ton d'irritation et de provocation : «Tibert, je n'hésite pas à vous le dire, votre cheval a vraiment les pires défauts, et à la vente, il perdra en valeur, parce qu'il est rétif et quinteux[1].» Tibert le chat se défend énergiquement contre les accusations de maître Renart; il a accéléré vigoureusement son allure et recommencé avec conviction. Pendant qu'il déploie ses efforts, voici que surgissent deux mâtins, à toute vitesse; ils voient Renart, ils aboient; nos deux compères en sont fort effrayés. Ils prennent la fuite le long du sentier : ils se bousculent l'un l'autre et finissent par tomber tout droit sur l'endroit où le piège était posé. Renart l'aperçoit et pense pouvoir l'esquiver, mais Tibert qui le serre de trop près lui a donné de son bras gauche un coup si puissant que Renart y tombe de son pied droit et fait sauter la clavette[2] hors du tronc. Le piège se referme, et le mécanisme fonctionne parfaitement : il lui a complètement bloqué le pied; Tibert lui a bien rendu la monnaie de sa pièce en le poussant dans le piège, où il va récolter une raclée : voilà un compagnonnage de mauvais aloi, où Renart a trahi sa parole. Renart reste immobilisé, tandis que Tibert s'enfuit, en lui criant à pleine voix : «Renart, Renart, vous restez là,

1. Rétif et quinteux : cheval indocile et capricieux.
2. Clavette : cheville de bois entrant dans le mécanisme du piège.

mais moi je m'en vais parce que je suis tout effrayé. Seigneur Renart, le chat n'est pas né de la dernière pluie! Vos efforts ne vous servent pas à grand-chose! Vous allez loger sur place cette nuit, et vous le paierez cher, je crois!» Voilà Renart en mauvaise posture car les chiens le tiennent à leur merci dans le piège, et le paysan qui les suit approche en brandissant sa hache : il la lève avec grande violence pour porter son coup; Renart a peur de mourir, il est terrorisé; mais le coup a glissé vers le bas, si bien qu'il a fendu en deux le piège. Renart a dégagé son pied, bien meurtri, et le ramène à lui; il prend la fuite, accablé et sérieusement atteint; il est accablé de sa blessure, mais bien heureux de ne pas avoir perdu son pied dans l'aventure.

Lorsqu'il sent qu'il est libre, il n'en est pas pour autant étourdi et ne perd pas la tête, il se remet, au contraire, à fuir, tandis que le paysan qui se sent bien floué, crie et s'égosille. Les chiens accélèrent leur course et se remettent à aboyer, tandis que Renart n'ose pas se cacher avant d'avoir franchi tout le bois. À la sortie du bois les chiens sont épuisés, ils abandonnent la poursuite et s'en retournent. Renart, lui, tourne et prend un chemin charretier, continuant à fuir; grande est, en effet, sa frayeur; sa plaie le fait cruellement souffrir et le brûle. Il ne sait plus quoi faire maintenant : il s'en est fallu de peu qu'il n'y perdît la cuisse! (Branche VII.)

Tibert et l'andouille

Renart, très expert en tromperie, et très affamé, est reparti à grand-peine. Il s'est enfui en bâillant, à l'aventure. Comme il suivait le sentier, se lamentant sur sa souffrance physique, il vit cheminer Tibert qui l'avait abandonné dans le piège. Il se dirige vers lui, la tête basse, et ravale sa rancœur. […] Renart, à sa vue, frémit de gourmandise dans tous ses membres : tout à l'idée de sa vengeance, il veut prendre sa revanche du piège où on l'avait jeté. Mais il lui fera en apparence bon accueil. Il lui adresse alors la parole :

« Tibert, dit-il, quel bon vent vous amène ? » Et Tibert de prendre la fuite. « Holà, dit Renart, ne fuyez pas, soyez sans crainte ! Arrêtez-vous pour me parler ! Souvenez-vous de votre parole ! Que craignez-vous de moi ? N'imaginez pas, à Dieu ne plaise, que je puisse violer un jour mon serment ! Je ne me serais pas engagé aujourd'hui dans ce sentier si je n'avais pas compté vous trouver, car je voulais tenir ma promesse. Maître Tibert, ne brûlez-vous pas de tenir la vôtre?» Tibert se retourne, marque un arrêt et tourne la tête vers Renart. Il aiguise énergiquement ses griffes et se prépare manifestement à se défendre contre tout coup de patte de Renart. Mais celui-ci, que la faim fait bâiller, n'a cure de se battre. Il a une tout autre idée. Il s'applique à rassurer Tibert : «Tibert, dit-il, on est surpris de la méchanceté des gens : ils refusent de se porter secours, et chacun ne s'applique qu'à tromper son voisin, assurément. Pour finir, je vous l'affirme, on ne trouve chez personne sincérité ni loyauté, et pourtant il est bien prouvé que celui qui entreprend de tromper autrui finit par être châtié[1]. […] Voilà pourquoi je refuse d'agir en traître : on s'en trouve toujours puni. Je n'ai jamais vu les trompeurs et les malfaisants se tirer d'affaire. Les traîtres sont en mauvaise posture, personne ne les aimera jamais. J'ai constaté par moi-même que celui qui ne sait se tirer d'affaire est méprisé et rejeté de tous. Vous avez vite détalé, tout à l'heure, quand vous m'avez cru mort! Mais non, je me trompe, assurément, vous en étiez affligé : honni[2] soit qui en doutera! Mais dites-moi donc franchement la vérité : n'avez-vous pas été très peiné de me

1. Châtié : puni.
2. Honni : blâmé.

voir tomber droit dans le piège, et rivé au mécanisme, la proie des chiens et du paysan qui levait sur moi sa cognée pour m'assommer ? Il comptait bien se payer sur moi, mais le profit lui échappa : j'ai encore ma fourrure ! » Tibert répond : « J'en suis très heureux ! – J'en suis bien convaincu, rétorque Renart. – Je le sais bien, réplique Tibert. – Soyez-en désormais pardonné, seigneur : je le dis en toute sérénité. »

Tibert se confond en excuses et se déclare coupable envers lui. Mais Renart, qu'il le veuille ou non, le manœuvre complètement : Tibert ne sait que dire. Renart lui jure à nouveau fidélité, et le chat renouvelle son serment. Tout a été solennisé[1] dans les règles, mais ce ne sera pas pour longtemps : Renart ne sera pas loyal envers lui, et Tibert ne manquera pas de sagesse, il ne se laissera pas faire et s'en gardera bien, à mon avis. Tous deux s'engagent dans un sentier, tombant presque d'inanition, car une faim terrible les tenaille. Mais, par un hasard extraordinaire, ils découvrent une grande andouille au bord du chemin, près d'un labour[2]. Renart s'en est emparé le premier, et Tibert s'est écrié : « Dieu, au secours ! Renart, mon cher ami, j'en veux ma part ! – Comment cela ? dit Renart ; qui donc cherche à vous en priver ? Ne vous ai-je pas juré fidélité ?

1. Solennisé : rendu officiel par une cérémonie sacrée.
2. Labour : terre labourée.

– Cher seigneur, allons, mangeons-la donc ! – Holà !
dit Renart, que nenni : si nous restions ici, nous ris-
querions d'être dérangés. Il nous faut l'emporter
plus loin. » Tibert répondit : « D'accord ! » quand il
vit qu'il ne pouvait s'y opposer. Renart s'empare de
l'andouille : il la prend entre ses dents par le milieu,
la laissant pendre de part et d'autre. Quand Tibert
voit qu'il l'emporte, il est au désespoir. Il aimerait
bien l'avoir, car il sait parfaitement que s'il lui faut
la partager avec Renart, celui-ci en aura le meilleur
morceau. Il réfléchit à la façon dont il pourra le
tromper. S'approchant un peu de lui : « Vous vous y
prenez bien mal ! dit-il ; comment portez-vous cette
andouille ? Ne voyez-vous pas comme vous la
souillez ? Vous la traînez dans la poussière, et vous la
déchiquetez avec vos dents. J'en ai le cœur malade !
Oui, je vous l'affirme : si vous la portez ainsi longtemps, je vous l'abandonnerai librement. Moi, je
l'aurais portée tout autrement. – Et comment donc ?
réplique Renart. – Apporte-la-moi et tu le verras, dit
Tibert ; il est juste que je vous en soulage, vous qui
l'avez trouvée le premier. » Renart ne cherche pas à
l'en empêcher, car il lui vient une idée : en effet, si
l'autre portait cette charge, il serait plus facile de le
maîtriser, et il pourrait moins se défendre. Renart lui
confie l'andouille ; Tibert s'en réjouit fort, et attrape
l'andouille avec grand art : il en prend une extrémité
dans sa gueule, puis lui imprime un balancement

pour la coucher habilement sur son cou, et se tourne vers Renart : «Cher compagnon, dit-il, voilà comment vous la prendrez et la porterez sans qu'elle traîne par terre; moi je ne la souille pas avec ma bouche. Je ne la porte pas comme un souillon[1]; elle vaut bien quelques belles manières! Nous nous en irons ainsi jusqu'à ce tertre où je vois cette croix plantée : allons donc y manger notre andouille. Je ne veux pas qu'on l'emporte plus loin, débarrassons-nous-en là-bas : nous y serons en sécurité, car nous verrons à la ronde d'éventuels agresseurs. Pour cette raison, il est bon que nous y allions.»

Renart s'en serait bien moqué, mais Tibert court à toute vitesse devant lui sur le chemin : il courut sans s'arrêter jusqu'à la croix. Renart en fut très irrité : il avait compris la ruse. Vite, il lui cria d'une voix forte : «Tibert, mon camarade, attendez-moi! – Renart, répondit l'autre, ne vous tourmentez pas! Vous n'avez rien à craindre! Suivez-moi donc au grand galop!» Tibert n'était pas novice; il savait bien monter et descendre. De ses griffes, il s'agrippa à la croix, y grimpa lestement et s'assit sur un des bras. Renart était triste et pensif, car il savait pertinemment qu'il avait été joué : «Tibert, dit-il, que mijotez-vous? – Rien que d'excellent, dit Tibert; mais grimpez ici, nous mangerons! – Ce serait très

1. Souillon : personne malpropre.

mal, dit Renart : descendez plutôt vous-même, Tibert, car cela pourrait me faire du mal de grimper[1]. Montrez-vous donc parfaitement courtois, jetez-moi ma part : vous respecterez ainsi votre serment. – Renart, que dites-vous là ? Seriez-vous donc ivre ? Je ne le ferais pas pour cent livres[2] ! Vous devriez bien savoir qu'un tel objet a de grandes vertus, […] aussi ne doit-on pas le manger ailleurs que sur une croix ou dans une église. […] – Tibert, cher ami, peu vous importe ! La place est réduite là-haut, nous ne pourrions y tenir tous deux. Mais faites preuve de générosité : pourquoi refusez-vous de descendre ? Tibert, cher camarade, vous vous souvenez que vous avez prêté serment d'être loyal avec moi : et des compagnons qui cheminent ensemble doivent, me semble-t-il, se partager tout ce qu'ils trouvent. Si vous ne voulez pas être parjure[3], partagez cette andouille là-haut, et jetez-moi en bas ma part : j'assumerai le poids de ce péché ! – Je refuse, dit Tibert, par ma foi ! […] Eh bien, je vais vous expliquer ce que vous allez faire. Pour cette fois, vous vous en passerez, mais je vous en fais ici la promesse : la prochaine que nous trouverons sera à vous tout entière, vous ne m'en donnerez pas une miette ! – Tibert, Tibert, dit Renart, tu auras encore affaire à

1. Les renards ne savent pas monter aux arbres ni sur des croix.
2. Livre : ancienne monnaie française.
3. Parjure : faux serment.

moi! Je t'en prie, jette-m'en un peu! – J'entends là des propos incroyables : ne pouvez-vous donc attendre d'en tenir dans vos poings une plus petite ou une plus grande qui sera à vous à coup sûr?» Ainsi Renart se dispute avec Tibert.

Celui-ci a renoncé à discuter, et se met à manger l'andouille. À ce spectacle, la vue de Renart se trouble : «Renart, dit Tibert, je me réjouis que vous pleuriez pour vos péchés. Que Dieu, qui voit votre repentir, vous en accorde la pénitence[1]. – N'en parlons plus, rétorque Renart, mais il te faudra bien descendre, ne serait-ce que lorsque tu auras soif il te faudra passer près de moi! – Vous n'imaginez pas à quel point Dieu est pour moi un ami efficace; il y a près de moi une cavité qui suffira à étancher ma soif; il a plu récemment, et la valeur d'un beau seau d'eau s'y est déposée : je la boirai à loisir. – Malgré tout, dit Renart, vous descendrez à un moment ou à un autre! – Ce ne sera pas avant des mois! réplique Tibert. – Mais ce sera avant sept ans, dit Renart. – Que n'en faites-vous le serment?» Et Renart de répondre : «Je jure de maintenir ce siège tant que tu ne seras pas tombé entre mes mains. – Il te faudrait être un démon, dit Tibert, pour être incapable de tenir ce serment. Fais-le donc sur cette croix, il me paraîtra mieux garanti.» Renart déclare : «Et je le

---

1. Pénitence : profond regret pour réparer ses fautes.

jure : je ne m'en irai pas d'ici avant ce terme. Me croiras-tu, à présent ? – Cela me suffit, dit-il. Mais quelque chose me chagrine et m'afflige terriblement : vous n'avez pas encore mangé, et il va vous falloir jeûner sept ans. Pourrez-vous le supporter si longtemps ? Vous ne pouvez vous dédire : il vous faut respecter votre serment et la foi que vous avez jurée. – Ne vous tourmentez pas ! » dit Renart. Et Tibert : « N'en parlons plus ! Certes, je n'en soufflerai mot ! Je dois m'en taire, cela est juste : mais veillez à ne pas bouger. » Tibert se tait et mange, et Renart tremble et transpire de gourmandise et de rage. Pendant qu'il souffre ainsi le martyre[1], quelque chose le trouble : c'est un chien qui, ayant senti sa trace, arrive en aboyant. Il lui faut à présent décamper s'il ne veut pas y laisser sa peau, car tous les autres chiens suivent celui qui l'a flairé. Le chasseur marque là un arrêt, s'adresse aux chiens, les excite. Renart, lui, lève la tête : « Tibert, dit-il, qu'est-ce que j'entends ? – Attendez un peu, dit Tibert, et ne bougez pas, c'est une mélodie bien douce : c'est une procession[2] qui vient dans la campagne. [...] » Renart, qui sait que ce sont des chiens, se voit en mauvaise posture : il décide de prendre la fuite. Quand Tibert le voit debout : « Renart, dit-il, quel besoin vous met en branle ? Que voulez-vous donc faire ? – Je veux

1. Souffrir le martyre : endurer des tourments.
2. Procession : cortège religieux qui s'effectue en chantant et en priant.

m'en aller, dit-il. – Vous en aller, par Dieu? Comment le pourriez-vous? Souvenez-vous du serment et de la foi que vous avez jurés! Ah, non! vous ne partirez pas! Restez ici, je vous l'ordonne! Au nom de Dieu, si vous avancez, vous comparaîtrez devant la Cour de Noble, soyez-en sûr. Vous y serez accusé de parjure et, de plus, de trahison : double félonie! Vous avez juré un siège de sept années, et vous y avez engagé pleinement votre foi : vous vous conduisez lâchement, en déguerpissant dès le premier jour. Ces chiens sont mes amis : s'ils vous font peur, plutôt que de vous voir commettre pareille faute, je m'engagerai pour vous et leur demanderai une trêve. » Renart l'abandonne et se met en route. Les chiens, qui l'ont aperçu, se lancent à sa poursuite. Inutilement, car Renart connaît si bien le terrain qu'il ne se fera jamais prendre. Il en réchappe sans la moindre morsure. Il profère des menaces contre Tibert et jure d'en venir aux mains avec lui, s'il le trouve sur son chemin. La guerre est déclarée entre eux, et il ne cherche ni trêve ni paix. (Branche VII.)

Renart et Tiécelin

Entre deux collines, dans une plaine tout juste située au pied d'une montagne, avec sur la droite, une rivière, Renart découvre un endroit tout à fait charmant; en plein milieu du pré, de l'autre côté du cours d'eau qui le divise, Renart voit un hêtre dressé; le lieu n'était guère fréquenté. Après avoir tourné autour de l'arbre, il se couche sur l'herbe fraîche : il s'y est roulé et mis à l'aise; il a trouvé là un bon gîte, dont il ne voudrait jamais plus changer, si seulement il y avait le couvert! Le séjour lui plaisait. Entre-temps, maître Tiécelin le corbeau, qui n'avait rien eu à manger de la journée, se souciait peu, lui, de la beauté du lieu! Le besoin l'avait chassé du bois et il arrivait en fendant les airs au-dessus d'un enclos, vers un coin retiré, sans se faire voir et très impatient de livrer bataille. Il voit un millier de fromages qu'on avait mis à sécher au soleil. La femme chargée de leur surveillance était rentrée chez elle. Elle se trouvait à l'intérieur : Tiécelin se rend compte que c'est le moment ou jamais de faire du butin et s'élance ; il en saisit un ; la vieille se précipite au milieu du chemin pour le rattraper. Tiécelin voit qu'elle lui jette des cailloux et des pierres ; elle l'invective en ces termes : « Jeune vaurien ! tu ne l'emporteras pas ! » Tiécelin voit qu'elle est comme folle et lui dit : « Si on en parle, la vieille, dites que je l'ai emporté ! Défaut de surveillance nourrit le pré[1] ! Vous pourrez bien dire que je l'emporte ; peu importe que j'aie tort ou raison ! J'ai profité de la bonne occasion que j'avais de le prendre : mauvaise surveillance nourrit le loup ! »

Il s'en retourne alors et s'en vient tout droit à l'arbre où se trouvait Renart. Les voici, à ce moment-là, qui se sont rencontrés : Renart sous l'arbre et l'autre en haut. Mais il y a quelque chose qui les sépare : l'un mange, tandis que l'autre bâille de faim. Le fromage était assez moelleux, et Tiécelin y frappe de grands coups de bec, si bien qu'il l'entame : il en a mangé la partie la plus jeune et la plus tendre, malgré qu'en ait la femme, qui lui a fait tant d'histoires quand il l'a volé ! Tiécelin y pioche à coups redoublés et, sans qu'il ne s'aperçoive de rien,

---

1. « Défaut de surveillance nourrit le pré » : ancien proverbe selon lequel lorsque l'on surveille mal son troupeau, il va paître dans le pré du voisin et laisse pousser l'herbe dans le pré du propriétaire.

fait tomber par terre une miette, devant Renart, qui la voit. Celui-ci comprend bien de quel genre d'animal il s'agit et il hoche deux fois la tête, se redressant pour mieux voir : il découvre, perché au-dessus de lui, Tiécelin, son compère depuis belle lurette, qui tient le bon fromage entre ses pattes, et pour commencer l'apostrophe ainsi : «Par les saints du ciel, qui vois-je là? Que Dieu vous accorde le salut, mon cher compère! Paix à l'âme de votre bon père, maître Rohart, qui savait si bien chanter! Maintes fois je l'ai entendu se glorifier d'être en la matière le champion de France; vous-même, quand vous étiez jeune, vous avez passé votre temps et fait de grands efforts pour essayer! Avez-vous jamais eu des talents de musicien? Chantez donc une ritournelle[1]!» Tiécelin, entendant ces flagorneries[2], ouvre la bouche et pousse un cri. Renart dit alors : «Voilà qui est bien fait! quel progrès! d'ailleurs, si vous le vouliez, vous pourriez monter d'une octave[3]!» Et l'autre, qui se flatte de chanter, se remet aussitôt à brailler. «Mon Dieu, dit Renart, comme votre voix s'éclaircit, comme elle devient nette! Si vous évitiez de manger des noix, vous chanteriez le mieux du monde! Chantez encore une autre fois!» Le corbeau veut prouver sa supériorité au chant, et il s'y est remis derechef.

---

1. Ritournelle : refrain.
2. Flagorneries : flatteries grossières.
3. Monter d'une octave : chanter plus aigu.

Il s'égosille de toute la force de sa voix, si bien que, sans en avoir conscience, car il est tout entier à ses efforts, sa patte droite desserre sa prise et le fromage tombe par terre, directement devant les pieds de Renart. Le coquin brûle du désir de le manger, sa gourmandise le met sur les charbons ardents, et pourtant il n'en touche pas une miette, car il a l'intention encore, si la chose peut se faire, d'attraper Tiécelin. Le fromage est par terre, devant son museau : il se redresse et s'assied, il traîne la patte qui le fait boiter et la recourbe, les morceaux de peau pendent tout autour. Il veut que Tiécelin la voie parfaitement : « Ah ! mon Dieu, dit-il, comme Dieu m'a donné peu de joie en cette vie ! Mais à quoi bon m'étendre là-dessus ? Je trouve que ce fromage pue si fort, son odeur m'est si insupportable, qu'il ne va pas tarder à m'achever ! En plus, il y a autre chose qui m'inquiète : c'est que le fromage ne fait vraiment pas de bien aux plaies ; ah ! Tiécelin, descendez donc, délivrez-moi de ce mal ! Certes, je n'aurais jamais osé vous en prier, mais je n'ai pas eu de chance : j'ai eu l'autre jour une jambe cassée dans un piège ; c'est là que m'est arrivé cet accident. »

Tiécelin se laisse persuader qu'il dit vrai, par les larmes qui accompagnent sa prière. Il descend de son arbre, il saute à terre, mais il aurait été mieux inspiré d'être là-haut, si jamais maître Renart arrivait à l'attraper ! Il n'ose pas encore s'avancer : la peur le fait reculer; il craint fort que Renart ne l'attaque. «Par Dieu, dit Renart, venez par ici! Quel mal peut vous faire un blessé? Cher compère, venez par ici!» L'insensé, qui s'est bien trompé, n'a pas le temps de se rendre compte que Renart bondit sur lui; il croit l'attraper mais manque son coup; cependant, quatre plumes lui restent entre les mâchoires. Voici Tiécelin fort en colère. Renart propose de se justifier, mais maître Tiécelin l'interrompt, car il n'a guère envie de discuter avec lui : «Mon ami, gardez le fromage! Aujourd'hui vous n'aurez plus rien de moi : j'ai été bien fou de vous croire blessé, alors même que je vous voyais vous lever!» À ces propos de Tiécelin accompagnés de grognements, Renart ne répondit pas un mot; il s'est facilement dédommagé de son dépit en mangeant le fromage tout entier; il ne déplore qu'une chose, c'est qu'il y en ait si peu : ce chant du corbeau ne lui apporte qu'une bouchée! Le déjeuner achevé, il se dit que jamais depuis le jour de sa naissance, en aucun lieu qu'il ait fréquenté, il n'a mangé de si bon fromage. Sa plaie ne s'en porte vraiment pas plus mal; sur ce, il part sans rien ajouter, et s'enfuit à petits bonds : il s'en sort, à la confusion de ses adversaires! (Branche IX.)

Arrêt
sur
lecture 3

Des récits de longueur variable

Des milliers de vers...

La branche* I comporte trois longs épisodes : « Le jugement de Renart », « Le siège de Maupertuis » et « Renart teinturier, Renart jongleur ». Ce dernier récit évoque les aventures de Renart qui revient à la cour du roi dans une pelisse jaune d'or, car il est tombé dans la cuve d'un teinturier. Cette première unité – de plus de trois mille vers – constitue une des plus longues branches du *Roman de Renart*.

Le récit est développé par plusieurs épisodes, par de multiples rebondissements qui donnent l'impression d'un texte sans fin. Ainsi, le roi Noble envoie trois messagers auprès de Renart pour qu'ils le ramènent à la cour. Souvenez-vous : Brun part le premier, mais il échoue ! Puis c'est Tibert qui se rend à Maupertuis : malheureusement, il est également dupé par le goupil... Enfin, c'est Grimbert qui est désigné pour aller chercher Renart. C'est lui qui va réussir à ramener le goupil à la cour. À chaque fois, l'auteur nous raconte les mésaventures des messagers dans de brefs récits comiques où apparaît la cruauté du goupil. Renart se montre toujours le plus fort lors de ces péripéties* successives : il est rusé et prend le dessus.

Le plaisir des récits brefs

Dans les quelques épisodes que vous venez de lire, l'action est très concise et très dynamique. Le texte s'ouvre le plus souvent sur le personnage du goupil affamé qui part en quête de nourriture. Le récit s'enclenche sur ce motif* constant et répété de la faim : Renart s'en va à l'aventure pour se remplir le ventre. En chemin, il rencontre un autre animal : une mésange, Tibert, un corbeau… Le récit ensuite s'organise en deux temps : Renart qui chemine avec cette autre bête essaie de la duper, mais il est mis en fuite par des chiens, notamment dans « Chantecler, Mésange et Tibert » et dans « Tibert et l'andouille ». Et celui qui voulait tromper l'autre se retrouve en mauvaise posture : il a été dupé par sa victime.

La structure du récit est légèrement différente dans « Renart et Tiécelin » : le corbeau affamé vole un fromage mis à sécher. Mais Renart cherche, comme dans les autres épisodes, à apaiser sa faim : il tente de lui dérober sa nourriture et même de le manger. La fin de l'aventure ne sanctionne Renart que d'un demi-échec : il mange le fromage mais Tiécelin lui échappe.

Souvenirs d'une tradition très ancienne

Ces brefs épisodes appartiennent à la tradition la plus ancienne du *Roman de Renart* : ce sont les premières aventures du goupil qui proviennent sans doute de traditions orales et écrites antérieures. C'est la répétition d'une même structure simple et du même motif de la faim qui laisse à penser que ces épisodes étaient d'abord récités et transmis oralement. On a d'ailleurs retrouvé des textes latins écrits par des poètes comme Ésope ou Phèdre qui racontaient déjà des aventures très ressemblantes. Voici « Le corbeau et le renard » d'Ésope, un poète grec du VIe siècle avant Jésus-Christ :

« Un corbeau, ayant volé un morceau de viande, s'était perché sur un arbre. Un renard l'aperçut, et, voulant se rendre maître de la viande, se posta devant lui et loua ses proportions élégantes et sa beauté, ajoutant que nul n'était mieux fait que lui pour être le roi des oiseaux, et qu'il le serait devenu sûrement, s'il avait de la voix. Le corbeau, voulant lui montrer que la voix non plus ne lui manquait pas, lâcha la viande et poussa de grands cris. Le renard se précipita et, saisissant le morceau, dit : « Ô corbeau, si tu avais aussi du jugement, il ne te manquerait rien pour devenir le roi des oiseaux. » Cette fable est une leçon pour les sots. **»**

À l'époque du *Roman de Renart*

Les Fables de Marie de France

Dans les écrits de Marie de France, un auteur contemporain du *Roman de Renart*, une fable* est très proche de « Renart et Tiécelin », c'est « Le Corbeau et le Renard » :

« Il est arrivé – et c'est fort possible –
Que devant une fenêtre
D'un cellier
Passa en volant un corbeau ; il a aperçu
Des fromages qui se trouvaient à l'intérieur
Et étaient placés sur une claie.
Il en a pris un, et le voilà qui s'envole avec le tout.

Un renard survient et le rencontra.
En ce qui concerne le fromage,
Il désirait vivement pouvoir en manger sa part ;
En recourant à une ruse il voudra essayer
S'il pourra tromper le corbeau.
« Ah, Seigneur Dieu !, dit le renard,
Cet oiseau est tellement beau
Il n'y en a pas de tel au monde !
Jamais de mes yeux je n'en vis d'aussi beau.
Si son chant ressemblait à son corps,
Il vaudrait plus que n'importe quelle pièce en or fin. »
Le corbeau s'entendit dire en des termes si élogieux
Que, dans le monde entier, il n'y avait pas son égal,
Qu'il décida de chanter :
Ce n'est pas faute de chanter qu'il perdrait sa gloire.
Il ouvrit le bec et chanta :
Le fromage lui échappa.
Il ne manqua pas de tomber à terre,
Et le renard va s'en emparer. Il ne se soucia plus du chant du
    corbeau,
Car c'est le fromage qu'il désirait.
C'est l'histoire des orgueilleux
Qui recherchent une grande gloire :
Par la flatterie et le mensonge
On peut fort bien les servir et leur être agréable ;
Ils dépensent stupidement leur bien
À cause des louanges hypocrites des gens. »

Comme dans *Le Roman de Renart*, le corbeau de la fable vole dans une ferme un fromage qui avait été mis à sécher au soleil. C'est par malchance qu'il va croiser la route du renard. Flatté par ce dernier, le corbeau, ouvrant grand le bec pour chanter, laisse échapper son repas. Le goupil ne fait du fromage qu'une bouchée. Les ressemblances sont frappantes, mais on remarque aussi des écarts entre ces deux récits : chez Marie de France, le renard n'essaie pas de manger le corbeau. Il y a une autre différence, essentielle : aucune morale* ne vient mettre fin à l'épisode dans *Le Roman de Renart*, Tiécelin regrette seulement d'avoir été si peu méfiant. Dans la fable* de Marie de France, au contraire, le récit se termine sur une morale* : elle condamne les orgueilleux qui ne se méfient pas des flatteurs. Chez Ésope, déjà, les derniers mots sanctionnant les sots venaient clore le récit. Au XVIIe siècle, La Fontaine écrit lui aussi une fable* intitulée « Le Corbeau et le Renard ». Elle est très proche de celle de Marie de France, jugeant pareillement les orgueilleux.

L'*Ysengrimus* de Nivard

Au XIIe siècle, Nivard écrit en vers et en latin un long texte intitulé *Ysengrimus*. Dans ce récit des aventures d'un loup nommé Ysengrin, on lit un épisode qui rappelle la rencontre de Renart avec une mésange. Mais c'est un coq nommé Sprotinus, et non une mésange, qui échappe au goupil. Renard arrive au pied de l'arbre sur lequel se tient Sprotinus et lui montre une écorce de hêtre : le texte juridique instaurant la paix y serait écrit :

❪❪ « La paix est signée, ami Sprotinus ! Nous pouvons aller partout en toute sécurité (n'aie plus peur), viens ! »
    Le coq lui répondit : « La paix est peut-être décidée, mais j'hésite un peu. Une nouvelle étrange ne peut pas inspirer immédiatement confiance. Tu ne voudrais sans doute pas parler, si tu ne pensais savoir ce que tu avances, mais quoi que tu penses, veille à dire la vérité ! Lorsqu'on découvre qu'un personnage en vue

est l'auteur d'une ruse, d'une seule, on ne croit plus par la suite en ce qu'il dit et on ne s'en soucie plus […].

   – C'est moi qui t'apprends une nouvelle, répond Renard, et tu hésites ? C'est moi qui te le dis ! À ton avis, vais-je dire que j'ai raison ? Pour ne pas parler de toi, est-ce que je me tromperai moi-même ? Trembler m'est aussi naturel qu'à toi. On me demandait de jurer parmi ceux qui prêtaient serment, j'ai obtenu avec peine un délai, le temps nécessaire pour que tu m'accompagnes. On nous attend, il faut nous dépêcher et courir, mais je sais que nous pouvons aller sans crainte […]» »

Le thème de la paix instaurée dans le royaume par le roi apparaît dans nos deux textes. Comme la mésange, le coq de l'*Ysengrimus* se montre méfiant : il ne descend pas facilement de son arbre. Un détail n'est présent que dans l'œuvre de Nivard : c'est l'utilisation par le goupil d'une écorce d'arbre pour faire croire à Sprotinus que c'est un acte officiel rédigé par le roi. La preuve écrite est censée renforcer la parole du rusé.

   À la fin du passage, pour faire déguerpir le renard, Sprotinus lui fait croire qu'il voit des chiens au loin qui se dirigent vers eux, très certainement pour les tuer. Renard fuit devant la menace. C'est aussi sur l'arrivée des chiens que se clôt cet épisode du *Roman de Renart*. Dans les deux cas, le goupil a échoué et repart sans avoir dîné.

La faim justifie les moyens

Attention à la flatterie !

Pour arriver à manger l'autre, qui se définit à la fois comme une personne et comme un éventuel repas, ou à manger ce qu'il

Entre ii mons en une plaigne
tot droit au pie d'une montaigne
desus une riviere a destre
la nuit… en uit tel estre
Que la gent ne seut gueres vante

Dans le feuillage se cache… à vous de trouver !

possède, par exemple un fromage, Renart use constamment de la flatterie. Il flatte le chant de Chantecler et de Tiécelin, la beauté de leur voix alors que chacun de nous sait que le chant du coq comme celui du corbeau sont très désagréables à entendre : ils sont criards et assourdissants. Chantecler porte son orgueil jusque dans son nom qui se décompose ainsi : chante-clair (celui qui sait chanter avec une voix douce, claire). En accep- tant la flatterie du goupil, le corbeau et le coq deviennent une nourriture potentielle que Renart veut goûter.

Renart loue aussi la valeur chevaleresque de Tibert qu'on voit chevaucher à bride abattue dans un sentier. Il s'agit donc de séduire l'autre par une parole flatteuse pour pouvoir le manger. La faim justifie les moyens à une époque où elle est partout ressentie dans une France affaiblie par les grandes famines qui se succèdent.

De fausses promesses

Dans d'autres épisodes, la nourriture fournit au goupil des occa- sions d'exercer sa ruse, mais sous une autre forme : il promet avec assurance des mets appétissants. Renart se vante de savoir pêcher des anguilles devant son compère Isengrin (« La pêche à la queue ») ; il dit connaître un endroit où Brun pourra trouver du miel, Tibert des souris et des rats. À chaque fois, ses infortunés compagnons sont battus par des hommes : c'est un plaisir pour Renart de voir les autres roués de coups.

Renart est habile dans la manipulation du langage. Le texte médiéval s'arrête souvent pour décrire cette ruse par la parole et pour cela utilise de très nombreux termes. En effet, si la langue moderne n'a que peu de mots pour exprimer la ruse par la parole et la flatterie, dans l'ancienne langue, ce vocabulaire est très développé. Voici quelques noms en ancien français* dont se servent les auteurs : *bole*, *favelle*, *art*, *engien*.

Une série de mésaventures et d'échecs

Le trompeur trompé

Dans ces quelques récits, le goupil reste sur sa faim : à plusieurs reprises, il est mis en fuite par des chiens qui l'obligent à abandonner sa proie. Sa ruse échoue donc : il ne peut se remplir le ventre. Il parvient à dévorer un fromage, mais il n'arrive pas à saisir Tiécelin pour le manger. Dans « Tibert et l'andouille », le chat se régale de l'andouille que Renart a trouvée sur le chemin sans lui en accorder le moindre tronçon. Renart est certes malin, mais il commet plusieurs fois l'erreur de sous-estimer son adversaire : il a cru que Tibert n'apercevrait pas le piège au milieu du sentier, que la mésange serait dupe de sa ruse. Renart rencontre sur sa route des obstacles qu'il ne peut surmonter.

Un comique de renversement

L'art du copiste réside dans cette capacité à renverser une situation initiale. Renart tient le coq dans sa gueule. Mais, trop content de pouvoir se moquer des hommes et voulant affirmer sa supériorité sur le monde paysan, il le laisse échapper pour pouvoir parler. Dans « Renart et Tibert », c'est le chat qui finit par pousser du bras gauche Renart dans le piège, au moment où ce dernier s'y attend le moins. Dans ces brefs épisodes, le goupil n'a pas l'exclusivité de la ruse, les autres animaux parviennent aussi à le tromper.

Le renversement de la situation initiale crée un effet comique : on rit de voir Renart dans le piège, de l'imaginer avec quatre plumes entre les dents alors qu'il voulait attraper Tiécelin. Mais il n'y a pas de morale à tirer de ses aventures : la méchanceté du goupil n'est pas dénoncée. C'est le plaisir que l'on prend à rire d'une ruse qui seul importe.

à vous...

1 – Au XVIIe siècle, Jean de La Fontaine compose une fable* célèbre intitulée «Le Coq et le Renard». Recherchez cette fable et comparez-la avec l'épisode de «Renart et Chantecler». Quelles sont les ressemblances et les différences que vous remarquez?

2 – Dans cette phrase empruntée à «Renart et Chantecler», recherchez le sens des mots soulignés:

> <u>Monseigneur</u> Chantecler le coq se trouvait dans un petit sentier du bois; il avait passé entre deux pieux, par la <u>rigole</u>, et s'était retiré un peu à l'écart. Il vient se planter <u>fièrement</u> devant les poules, avec son <u>cou emplumé</u>, et se <u>rengorge</u>.

Que remarquez-vous? Recherchez dans un dictionnaire la définition de cette expression: «faire le coq». En quoi permet-elle de définir Chantecler?

3 – Dans «Renart et la mésange», comment les deux personnages s'adressent-ils l'un à l'autre? Que signifie «compère» et «commère» au Moyen Âge? Quel effet cet emploi crée-t-il dans le texte?

4 – Inventez un épisode dans lequel Renart se vengerait de Tibert qui l'a poussé dans le piège et qui a mangé l'andouille.

Renart et les anguilles

Seigneurs, cela se passait à l'époque de l'année où le doux temps d'été tire sur sa fin et que revient la saison hivernale : Renart se trouvait dans sa maison, mais il était à court de provisions, situation inouïe et mortelle ! Il n'avait plus les moyens de dépenser ou de débourser, il était incapable de rembourser toutes ses dettes ; plus rien à donner, impossible d'acheter à manger ; il n'a pas de quoi soutenir ses forces. Le besoin l'a mis sur la route. Bien prudemment, afin que nul ne le voie, il s'en va à travers les joncs qui séparent le bois de la rivière : son trajet finit par le mener à un chemin, dans lequel il s'engage. Voilà Renart qui s'accroupit au milieu du chemin : il tend son cou frénétiquement[1] dans toutes les directions, ne sachant où trouver de quoi se nourrir ;

---

1. Frénétiquement : comme un fou.

la faim lui fait une guerre cruelle ; il ne sait que faire, et son inquiétude est grande. Il se couche alors à côté d'une haie ; il attendra là ce que le hasard lui réserve. Voici qu'arrivent à toute vitesse des marchands qui transportaient des poissons ; ils venaient de la mer avec un gros chargement de harengs frais, car le vent du nord avait bien soufflé sans discontinuer pendant toute la semaine passée. Ils avaient aussi de bons poissons d'autres espèces, grands et petits, à pleins paniers : la charrette était bien chargée, entre autres, de lamproies et d'anguilles qu'ils avaient acheminées vers les villes de l'intérieur[1]. Renart, qui trompe le monde entier, se trouvait bien à plus d'une portée d'arc de la charrette. Quand il la vit ainsi chargée d'anguilles et de lamproies, il court au-devant des marchands, par les voies détournées, en tapinois[2], pour les berner : ils n'y virent que du feu. Il s'est allongé en plein milieu du chemin : écoutez donc comment il s'y prend pour les égarer ! Il s'est couché à plat et fait le mort, Renart, celui qui sait abuser son monde ; les paupières baissées, il découvre ses dents et retient son haleine. A-t-on jamais entendu parler de semblable perfidie ? Il demeure sur place dans cet état, couché par terre. Les marchands arrivent, sans prendre garde à la chose. Le premier qui le découvre l'examine et

1. Les villes de l'intérieur : villes situées à l'intérieur des terres.
2. En tapinois : en cachette.

appelle son compagnon : «Regarde, là, un renard ou un chien!» L'autre l'aperçoit et s'écrie : «C'est un renard, va le prendre, va. Fils de pute, gare à toi s'il t'échappe! Il sera drôlement malin, Renart, s'il ne laisse pas sa peau dans l'aventure!» Le marchand se précipite aussi vite qu'il peut, suivi de son compagnon; les voici arrivés près de Renart. Ils trouvent le goupil sur le dos : ils le tournent dans tous les sens, lui pincent le dos puis la gorge; ils n'ont pas peur de se faire mordre! L'un a déclaré : «Il vaut quatre sous!» et l'autre a renchéri : «Dieu me sauve! non! il vaut bien cinq sous, et c'est bon marché! Nous ne sommes pas trop chargés : jetons-le dans notre charrette. Vois comme sa gorge est blanche et nette!» Cela dit, sans perdre de temps, ils l'ont lancé dans la charrette et se sont remis en route. Grande est leur joie à tous deux; ils se disent : «Voilà pour le moment, mais cette nuit, quand nous serons chez nous, nous lui retournerons la casaque[1]!» Ils se satisfont, pour le moment, de cette fanfaronnade, mais Renart se contente d'en sourire, car il y a un fossé entre les paroles et les actes. Il était couché sur les paniers, le nez dessus : d'un coup de dents il en a ouvert un dont il a tiré, croyez-m'en, plus de trente harengs. Le panier se trouva presque vide, car il avait mangé de bon appétit, en se passant complètement

---

1. Retourner la casaque : la casaque désigne ici la peau du goupil.

de sel comme de sauge. Et avant de s'en aller, il lancera encore une fois sa ligne, je n'en doute pas un instant! Il s'en est pris à un second panier : il y a plongé le museau et n'a pas manqué son coup, car il en retire deux chapelets d'anguilles. Renart, qui a plus d'un tour dans son sac, passe sa tête et son encolure au travers et pose les deux bouts de corde sur son dos, bien serrés l'un contre l'autre, de manière à en être bien recouvert; désormais, plus besoin de continuer sa besogne. Il lui faut trouver maintenant un moyen pour redescendre à terre : il ne trouve ni planche ni marchepied. Il s'est agenouillé délibérément afin d'étudier tout à loisir la façon dont il pourra toucher terre. Il s'est légèrement avancé, et, s'aidant de ses antérieurs, s'est élancé du haut de sa charrette jusqu'en plein milieu du chemin, emportant sa proie enroulée autour du cou. Une fois qu'il a sauté, il dit aux marchands : «Que Dieu ait votre âme! ces quelques anguilles sont pour moi, gardez tout le reste!» Et quand les marchands l'entendent, leur étonnement ne connaît pas de bornes; ils s'écrient : «Tiens, le renard!» Et de sauter sur la charrette où ils s'imaginaient capturer Renart. Mais lui n'a pas voulu les attendre! Le premier des marchands, quand il se rend compte de la chose, déclare : «Que Dieu m'assiste, nous l'avons mal surveillé, il me semble!» Ils frappent leurs mains l'une contre l'autre, et l'un dit à l'autre : «Compagnon, nous avons subi des pertes à cause de notre présomption[1], nous avons été bien fous et bien sots, tous autant que nous sommes, en faisant confiance à Renart : il a bien soupesé les paniers et les a quelque peu allégés, car il emporte deux chapelets d'anguilles ; que la colique lui torde les entrailles ! – Ah ! s'écrient les deux marchands, Renart, c'est vraiment une sale race que la vôtre ! Que les anguilles vous restent sur l'estomac ! » Et Renart de leur répliquer : « Vous pouvez dire ce qui vous plaira, Renart, quant à lui, se taira ! » Les marchands se mettent à sa poursuite, mais ce n'est pas aujourd'hui qu'ils le captureront, car il a un cheval trop rapide. Il court à travers un vallon sans s'arrêter avant d'être arrivé à l'enceinte de sa demeure. Les marchands, alors, renoncent à l'attraper, se traitant d'imbéciles. Ils se déclarent vaincus et s'en retournent tandis que Renart continue, plus vite qu'au pas, lui qui s'est tiré de bien des mauvais pas ; il arrive tout droit à son château où l'attend sa famille. La dame de la maison, madame Hermeline, son épouse, dont la courtoisie et la noblesse sont éminentes, se jette à son cou. Percehaie et Malebranche, les deux frères, sautent sur leur père, qui s'en venait à petits bonds, bien gros et traînant son fardeau, heureux et réjoui, les anguilles enroulées autour du cou. Il se moque bien de passer

---

1. Présomption : opinion fondée sur des signes qui peuvent être trompeurs, suppositions.

pour sot : derrière lui, il a refermé la porte, à cause des anguilles qu'il apporte.

Voilà Renart dans sa forteresse où les siens lui font un fort bel accueil : ils lui essuient bien les jambes, ils écorchent les anguilles, les coupent en tronçons et fabriquent des brochettes avec des petites branches de coudriers[1] sur lesquelles ils fixent les morceaux ; ils ont vite fait d'allumer le feu car il y avait des bûches en grande quantité ; ils attisent le feu en soufflant dessus de tous côtés. Ensuite, ils disposent les brochettes sur la braise qui s'est formée à partir des tisons. Tandis qu'ils faisaient cuire les anguilles et les rôtissaient, voici qu'arrive monseigneur Isengrin, qui avait erré depuis le petit matin jusqu'à cette heure, traversant mainte terre sans pouvoir y trouver de butin : il était tout efflanqué[2] à force de jeûner, car il avait traversé une période très difficile. À ce moment il se dirigeait, dans un espace défriché, tout droit vers le château de Renart ; il vit fumer sa cuisine, où il avait fait allumer le feu, et où rôtissaient les anguilles que ses fils tournaient sur les brochettes. Isengrin en sent le fumet, inhabituel pour lui. Il se met à renifler et commence à se lécher les babines ; bien volontiers il serait allé se mettre à leur service, si seulement ils avaient consenti à lui ouvrir la porte ! Il s'avance vers une fenêtre pour regarder

1. Coudrier : autre nom du noisetier.
2. Efflanqué : maigre, décharné.

ce que cela pouvait bien être. Alors il commence à réfléchir au moyen d'entrer là-dedans et se demande s'il doit employer la prière ou la menace : mais il ne sait quelle solution choisir, car Renart est ainsi fait qu'il ne se laissera persuader de rien par la prière. Isengrin s'est accroupi sur une souche : la bouche lui fait déjà mal à force de bâiller ; il court à droite et à gauche, il regarde de tous côtés, mais il n'est pas en mesure d'obtenir, malgré ses efforts, qu'il puisse mettre un pied à l'intérieur ; il n'a rien à donner et rien à promettre. Il finit par prendre la résolution de fléchir son compère par la prière et de lui demander qu'au nom de Dieu il lui donne, s'il l'exige, un peu ou beaucoup de sa provende[1]. Il l'appelle donc par l'ouverture : «Seigneur, mon compère, ouvrez-moi la porte ! je vous apporte de bonnes nouvelles : je crois que vous allez les trouver excellentes !» Renart, en l'entendant, le reconnut bien, mais de tout ce qu'il lui demandait, il ne lui accorda rien ; au contraire, il a fait la sourde oreille, et Isengrin s'en étonne fort ; il reste dehors, plein d'angoisse, et convoite les anguilles. Il lui dit : «Ouvrez-moi, cher seigneur !» Renart se mit à rire et lui demanda : «Qui êtes-vous ?» L'autre répondit : «C'est nous ! – Qui ça, vous ? – C'est votre compère ! – Nous nous imaginions que vous étiez un voleur ! – Je ne le suis pas,

---

1. Provende : provisions.

dit Isengrin, ouvrez ! » Renart lui dit alors : « Attendez donc qu'ils aient fini de manger, les moines qui se sont installés à table ! – Comment, fait Isengrin, ce sont donc des moines ? » Renart répond : « Mieux que cela, ce sont des chanoines[1] de l'abbaye de Tiron. Qu'à Dieu ne plaise que je mente là-dessus ! je me suis retiré dans leur ordre. – Nom de Dieu, dit le loup, m'avez-vous bien dit la vérité ? – Oh oui, au nom de la sainte charité ! – Accordez-moi donc l'hospitalité ! – Vous n'auriez plus rien à manger ! – Mais dites-moi, vous n'avez donc plus de quoi me nourrir ? » Renart répond : « Ma foi, si ! Mais laissez-moi vous poser d'abord une question : êtes-vous venu pour mendier ? – Non, je veux voir comment vous êtes installés ! » Renart réplique : « Cela ne se peut ! – Et pourquoi donc ? » demande le loup. Renard répond : « Ce n'est pas le moment. – Eh bien, dites-moi : étiez-vous en train de manger de la viande ? » À quoi Renart répond : « Vous vous moquez ! – Que mangent donc vos moines ? – Je vais vous le dire sans plus tarder : nous ne mangeons pas des fromages mous, mais des poissons à grosses têtes. […] » Isengrin dit : « Je ne m'en étais jamais rendu compte, et je ne savais rien de tout cela ; allez, accordez-moi donc l'hospitalité ! je ne saurais où aller encore aujourd'hui ! » Renart répond : « Ne me

1. Chanoines : religieux souvent caractérisés par leur gourmandise dans la littérature satirique*.

parlez pas d'hospitalité! Nul, à moins d'être moine ou ermite, ne peut bénéficier de l'hospitalité céans[1], passez votre chemin! il n'y a rien d'autre à faire!» En entendant cela, Isengrin comprend parfaitement que rien de ce qu'il pourra dire ne le fera entrer dans la maison de Renart. Que voulez-vous qu'il fasse? Il patientera! Et pourtant il lui demande encore: «Le poisson, est-ce bon à manger? Donnez-m'en, s'il vous plaît, juste un bout! Si je le dis, c'est que je veux juste goûter: quelle chance elles ont eu d'être pêchées et écorchées, les anguilles, si vous daignez en manger!» Renart, chez qui l'habitude de tromper était bien ancrée, prit deux tronçons d'une anguille qui venaient de rôtir sur les charbons. Ils étaient si bien cuits que la chair partait en miettes. Quand il les eut en main, il n'hésita pas à manger l'un et à porter le second à celui qui l'attend à la porte. Il lui dit alors: «Compère, venez, avancez un peu! tenez, voici de la nourriture de ceux qui sont bien convaincus que vous serez moine un jour.» Isengrin déclare: «Pour le moment je ne sais ce qu'il en sera pour moi; c'est bien possible; mais la nourriture, bien cher maître et seigneur, donnez-la-moi donc vite!» Renart la lui donne et lui la saisit; il s'en est très vite débarrassé; il en mangerait bien encore, et en quantité. Renart dit alors: «Comment la trouvez-

1. Céans: ici.

vous?» Le glouton frémit et tremble, il brûle et se consume de gourmandise. «Assurément, fait-il, on vous le rendra au centuple! Donnez-moi encore un morceau comme celui-là, mon bien cher compère, pour que je m'y habitue, en attendant que je fasse partie de votre ordre!

– Par vos bottes, dit Renart, dont la perfidie était sans bornes, si vous aviez l'intention de vous faire moine, je ferais de vous mon supérieur, car je sais bien que la majorité vous élirait pour chef ou abbé, avant la Pentecôte! – Est-ce pour me railler que vous venez de dire cela?» Renart répond : «Non point, cher seigneur, sur ma tête, j'ose vous le dire : vous feriez un moine superbe une fois que vous auriez revêtu l'habit par-dessus le pelage gris : on ne trouverait plus bel hommage à l'église! – Aurai-je suffisamment de poisson pour être enfin guéri de ce mal qui m'a abattu?» Renart aussitôt lui répond : «Mais bien sûr! autant que vous pourrez en manger! Faites-vous donc tonsurer[1] et faites-vous raser et tondre la barbe!» En entendant parler de se faire raser, Isengrin commença à grogner : «Il faut en passer par là, dit-il, compère! Allez, vite, rasez-moi!» Renart répond : «Vous allez rapidement bénéficier d'une grande et large tonsure; juste le temps de chauffer l'eau!» C'est maintenant que vous pourrez entendre

1. Tonsurer : les moines devaient porter la tonsure, c'est-à-dire un petit cercle rasé sur le dessus de la tête.

un bon tour; Renart met l'eau sur le feu et la laisse assez longtemps pour qu'elle soit bouillante; il est revenu ensuite à l'avant de la maison et lui a fait passer la tête par une ouverture ménagée à côté de la porte; Isengrin tend le cou. Renart, qui le trouve bien sot, lui a versé l'eau bouillante et l'a envoyée sur la nuque : il s'est vraiment conduit là comme une sale bête! Quant à Isengrin, il secoue la tête, il grince des dents et fait une bien vilaine grimace; il recule et bat en retraite en s'écriant : «Renart, je suis mort! Puisse une catastrophe vous arriver aujourd'hui! Vous m'avez fait une tonsure trop large!» Sur ce, Renart lui tire la langue; il la sort d'un bon demi-pied[1] de sa gueule : «Seigneur, cette tonsure, vous n'êtes pas seul à l'avoir, car tout le couvent a la même!» Isengrin lui dit : «J'ai l'impression que tu mens! – Pas du tout, seigneur, ne vous en déplaise : pendant cette première nuit que vous passez ici, il vous faut subir les épreuves : c'est la règle de notre saint ordre.» Isengrin déclare alors : «Je me soumettrai de bonne grâce à toutes les exigences de l'ordre; vous auriez tort d'avoir le moindre doute là-dessus.» Alors Renart accepte l'engagement solennel que le loup ne causera aucun mal à l'ordre, et qu'il se conformera aux ordres qu'il lui donnera. Renart l'a si bien embobiné qu'il a fini par le faire

1. Demi-pied : ancienne mesure française qui équivaut à seize centimètres.

vraiment tourner en bourrique. Il sort alors par une brèche qu'il avait faite derrière la porte, et se dirige droit sur Isengrin, qui se plaignait amèrement d'avoir été rasé de si près qu'il ne lui restait ni poil ni peau. Ils arrêtent là leur entretien et ne perdent pas de temps : tous les deux ont quitté les lieux, Renart en tête et le loup derrière, et ont fini par atteindre un vivier[1] qui se trouvait tout près.

C'était un peu avant Noël, à l'époque où l'on met le jambon en saumure[2]. L'air était limpide, les étoiles brillaient, et le vivier où Isengrin devait pêcher était gelé, au point qu'on aurait pu danser dessus ; il y avait juste un trou que les paysans avaient pratiqué dans la glace : ils y menaient chaque nuit leurs bêtes pour qu'elles puissent s'ébattre et boire. Ils avaient laissé sur place un seau : Renart se dirigea vers l'endroit tête baissée et tourna son regard vers son compère, lui disant : « Seigneur, venez par ici ! C'est là que se trouve profusion de poissons, et voici l'instrument avec lequel nous pêchons les anguilles, les barbeaux et autres poissons bons et beaux. » Isengrin lui dit : « Frère Renart, prenez-le donc à un bout et fixez-le-moi solidement à la queue ! » Renart saisit le seau et le lui attacha autour de la queue du mieux qu'il peut : « Mon frère, dit-il, maintenant il faut vous tenir bien tranquille au bout de ce seau, pour

1. Vivier : étang aménagé pour l'élevage du poisson.
2. En saumure : dans une eau fortement salée.

faire venir les poissons.» Il est allé se tapir dans un buisson, son museau entre les pattes, de façon à voir ce que l'autre fera. Isengrin est assis sur la glace : le seau est dans l'eau, rempli de glaçons de belle manière ; l'eau commence à geler et à prendre tout autour du seau, attaché à la queue. Le seau est plein de glace et en est submergé : l'eau froide a fait geler la queue qui se trouve scellée dans la glace ; Isengrin commence à la soulever ; il croit qu'il arrivera à tirer le seau à lui et multiplie les tentatives ; il ne sait que faire et s'en inquiète fort. Il se met à appeler Renart quand il ne peut pas passer inaperçu plus longtemps, car déjà le jour s'était levé. Renart dresse la tête. Il regarde autour de lui, ouvrant les yeux, et lui dit : «Mon frère, arrêtez là! allons-nous-en, mon bien cher ami ; vous avez pris assez de poisson !» Isengrin lui crie : «Renart, il y en a trop ; j'en ai pris telle- ment, je ne saurais dire combien !» Renart se mit à rire, et lui déclare tout de go que «celui qui convoite tout perd tout». La nuit s'achève, le jour apparaît et le soleil matinal se lève. Les chemins sont blancs de neige. Monseigneur Constant Des Granges, un petit noble bien à l'aise, dont la demeure était située au- dessus de l'étang, s'est levé, ainsi que sa maisonnée, tous pleins d'entrain et d'allégresse. Il a saisi un cor de chasse, appelle ses chiens, ordonne que l'on selle son cheval ; s'adressant à ses gens, il crie et donne de la voix. Renart entend le vacarme et prend la fuite, sans s'arrêter jusqu'à ce qu'il se soit réfugié dans sa tanière. Quant à Isengrin, il reste, dans une situation bien fâcheuse : il fait des efforts désespérés pour tirer et extraire le seau, manquant de se déchirer la peau. S'il a l'intention de quitter les lieux, il faut qu'il dégage sa queue de la glace.

Tandis qu'Isengrin se débat, voici qu'arrive, au trot, un valet qui tient en laisse deux lévriers; il découvre Isengrin, s'élance vers le loup qui est complètement bloqué par la glace, et le crâne pelé. Il regarde ce que c'est et s'écrie : «Holà! il y a un loup! à l'aide! à l'aide!» Les chasseurs, en l'entendant, se précipitent immédiatement hors de la maison, avec leurs chiens, et franchissent les haies de clôture. Voilà Isengrin en bien mauvaise posture, car le seigneur Martin venait derrière eux, sur son cheval, à toute bride[1]; il met pied à terre et crie bien fort : «Lâchez les chiens, allez, laissez les chiens courir!» Les veneurs[2] découplent la meute et les braques s'en prennent au loup; les poils d'Isengrin se hérissent. Le veneur excite les chiens et les encourage vigoureusement; Isengrin se défend vaillamment, les mordant à pleines dents – que peut-il faire de plus? Il aurait assurément préféré vivre en paix! Maître Martin a sorti l'épée du fourreau et se met dans les meilleures conditions pour frapper. Il des-

1. À toute bride : à toute vitesse.
2. Veneurs : chasseurs.

cend à pied jusqu'au lieu de l'action, et s'approche du loup en marchant sur la glace : il l'attaque par-derrière ; il croit le toucher mais manque son coup ; le coup glisse et dévie et maître Martin tombe à la renverse, si bien qu'il a le crâne en sang. Il a bien du mal à se relever : au comble de la fureur, il reprend l'assaut. Quelle féroce mêlée[1] ! Maître Martin croit le toucher à la tête mais le coup s'arrête ailleurs ; l'épée descend jusqu'à la queue, et il la lui coupe net au ras de l'anus, sans mentir ! Isengrin l'a bien senti : il saute de côté et prend la fuite ; il mord tout à la ronde les chiens qui lui attrapent bien souvent les fesses ; mais la queue reste en gage, et la perte le met au désespoir : c'est tout juste s'il n'en crève de douleur ! Il ne peut plus rien faire d'autre, il prend ses jambes à son cou et finit par se réfugier sur un grand tertre[2]. Les chiens n'arrêtent pas de le mordre et le loup se défend avec acharnement. Quand ils sont au sommet du tertre, les chiens sont épuisés et s'avouent battus, mais Isengrin ne perd pas son temps. Il continue dans sa fuite, il regarde souvent autour de lui et s'en va à toute allure jusque dans le bois : c'est là qu'il s'arrête et jure de se venger de Renart ; jamais plus il ne sera son ami. (Branche X.)

1. Mêlée : ensemble de combattants au corps à corps.
2. Tertre : élévation de terre.

Le puits

Il me faut maintenant vous raconter quelque chose dont je peux tous vous faire rire, car je sais bien, c'est la pure vérité, que vous n'avez cure d'entendre un sermon[1] ou la vie d'un saint ; de cela vous n'avez aucune envie, mais plutôt de quelque chose qui puisse vous faire plaisir. Eh bien, que chacun prenne garde de se taire, car j'ai l'intention de vous dire une belle histoire, et j'y suis tout à fait prêt, que Dieu me guide ! Si vous vouliez bien me prêter l'oreille, vous pourriez apprendre quelque chose qu'il ferait bon retenir. Certes, on me tient, d'habitude, pour fou, mais j'ai entendu dire à l'école : « D'un fol peut venir une sage parole. » Inutile de faire un long prologue[2]. Je vais donc vous raconter et ne pas vous taire plus longtemps, une branche et un mauvais tour, un seul,

1. Sermon : discours religieux destiné à instruire les fidèles.
2. Prologue : introduction.

de celui qui sait tant de ruses, il s'agit de Renart, vous le savez bien, et vous en avez déjà beaucoup entendu parler. Renart n'indique à personne le chemin le plus direct ; Renart met tout le monde en détresse ; Renart séduit, Renart cajole : c'est une fort mauvaise école que celle de Renart. Avec lui on ne s'en tire pas avec les braies nettes[1] : jamais on ne sera assez son ami pour cela. Il est, de façon superlative, habile et rusé, Renart, et pourtant, ce n'est pas quelqu'un qui cherche des histoires. Mais en ce bas monde il n'y a personne d'assez sage pour ne pas commettre un jour de folies. Je vais donc vous dire quel malheur et quelle peine a subis Renart. L'autre jour, il était parti en terre étrangère pour chercher sa subsistance, à cause de la disette et d'une cruelle faim qui le faisait souffrir. Il arrive à une terre de labour, puis s'engage dans un pré. Ensuite il s'en va droit à un fourré, fort affligé ; grande est sa colère de ne pouvoir trouver de quoi manger à son souper, et il ne voit rien là qui puisse servir à sa pâture. Alors il se remet à l'amble, sort du bois et en atteint la lisière. Il s'est arrêté là, bâillant de faim : il était maigre et bien affaibli, car il y avait grande famine en son pays. De temps à autre il s'étire, et son ventre, ainsi que les boyaux, à l'intérieur, se demandent ce que peuvent bien faire ses pattes et ses dents. Il gémit d'angoisse et de détresse

---

1. Les braies nettes : sans dommage.

et de la cruelle faim qui le tourmente fort. Il se dit alors qu'il n'est pas bon d'attendre là où il n'y a pas de proie à capturer. À ces mots, il prend un sentier et court toute la longueur d'un arpent, sans jamais vouloir ralentir au pas, jusqu'à ce qu'il soit arrivé à un passage. Dès qu'il eut fini de courir, il a remarqué, dans un enclos de buissons, jouxtant un champ d'avoine, une abbaye de moines blancs[1], et tout à côté, une grange où Renart a l'intention de faire une joute[2]. La grange était fort bien construite : ses murs étaient de pierre grise, très solides, sans mentir, et ils étaient entourés sans discontinuité d'un fossé aux bords élevés, si bien qu'aucun être vivant ne peut leur enlever quelque chose par la force, car la grange est fortifiée et bien fermée. Elle regorge de nourriture, car l'abbaye est fort prospère; c'était un lieu extrêmement intéressant que cette grange mais elle restait inaccessible à la plupart. Elle renferme en abondance le genre de nourriture que Renart le goupil recherche : des poules, des chapons de plus d'un an. Renart a pris cette direction : il a sauté au milieu du chemin, tout impatient de monter à l'assaut. Il n'a pas tiré sur le mors de son cheval avant l'endroit où sont les chapons. Il s'est immobilisé sur le bord du fossé, tout prêt à piller et à attaquer les poules. Mais il ne peut arriver jusqu'à elles. Il court et court encore

---

1. Moines blancs : moines appartenant à l'ordre de Cîteaux.
2. Joute : combat à la lance et au cheval.

en faisant le tour de la grange, mais n'y découvre ni pont, ni planche, ni passage, et s'en désole fort. Il dirige alors ses regards vers la porte et voit le guichet[1] entrouvert ainsi que le poulailler. Il vient de ce côté-là et se précipite à l'intérieur. Voici Renart dans une situation très critique, car si on peut se rendre compte qu'il a l'intention de les flouer, les moines retiendront un gage et le prendront lui-même en otage ! Ils sont, en effet, cruels au-delà de toute mesure ! Mais qu'importe ! Qui ne risque rien n'a rien…

Voilà Renart se déplaçant à l'intérieur de l'enceinte : il a très peur d'être surpris. Il vient à l'endroit où sont les poules et écoute. Il est vrai qu'il est en proie à une grande frayeur, car il sait bien qu'il fait une bêtise ! La couardise l'a fait revenir sur ses pas : il craint fort qu'on ne l'entende. Il quitte la cour, retourne sur le chemin et commence à méditer, car le besoin fait trotter même les vieilles, et la faim lui cause de si cruels tourments, qu'elle le fait se précipiter en arrière – peu importe si cela lui fait plaisir ou s'il s'en repent – pour s'attaquer aux poules. Voilà donc Renart qui rebrousse chemin : il entre dans la grange par l'arrière en faisant si peu de bruit que les poules ne bronchèrent pas et ne se rendirent compte de rien. Il y en avait trois perchées sur une poutre, qui étaient condamnées à mort, et Renart, qui s'était

---

1. Guichet : petite ouverture.

introduit en maraudeur, grimpa sur un tas de foin pour s'approcher d'elles. Les poules sentent remuer le foin et le bruit les fait sursauter ; elles vont se tapir dans un coin ; Renart se met après elles, et les saisit l'une après l'autre, à l'endroit où elles se sont rencognées : il les a étranglées toutes trois. Il a fait crisser ses mâchoires avec deux d'entre elles, et la troisième, il a l'intention de l'emporter pour la cuire. Quand il eut mangé, il fut bien aise. Il sort de la grange par une barrière de branches, emportant sa précieuse poule. Mais au moment d'arriver à la porte, il eut grande envie de boire, lui qui savait si bien abuser son monde. Il y avait un puits au milieu de la cour : Renart l'aperçoit et court de ce côté-là, poussé par la soif qu'il veut étancher ; mais il ne peut atteindre la surface de l'eau.

Renart a donc découvert ce puits : il constate qu'il est fort profond et large, aussi ne veut-il pas sauter dedans, de peur de se trouver mal en point, et d'autre part il n'arrive pas à trouver un moyen pour obtenir de l'eau. Seigneurs, écoutez, ce que je vais vous raconter maintenant est extraordinaire ! Dans ce puits il y avait deux seaux : quand l'un monte, l'autre descend ; et Renart qui a fait tant de mal, s'est appuyé sur la margelle du puits, triste, affligé et plongé dans de mornes pensées. Il se met à regarder à l'intérieur du puits et à contempler son reflet. C'est alors que les diables l'ont trompé, au moyen de son reflet qu'il a vu ainsi : il s'imaginait qu'il s'agissait d'Hermeline, son épouse, qu'il aime d'amour courtois, et qu'elle séjournait là, au fond du puits. Voilà Renart perdu dans ses pensées et mélancolique. Il a demandé : «Qui es-tu, dis-le-moi, que fais-tu là-dedans?» La voix remonte en écho du fond du puits : Renart, en l'entendant, dresse la tête; il rappelle une nouvelle fois; la voix ressort en écho du puits. Renart entend, il est au comble de l'étonnement. Il a mis ses pieds dans l'un des seaux. Avant de piper mot, il se trouva en bas : le voilà dans un fort mauvais cas. Une fois tombé dans l'eau, il se rend bien compte qu'il s'est fait avoir, car il n'y a pas étreint sa femme qu'il croyait avoir aperçue. Renart se trouve maintenant en triste situation! Ce sont les diables qui l'ont ainsi piégé! Il s'est appuyé sur une pierre : il préférerait être mort et mis en bière! Le malheureux souffre le martyre : bien souvent il se mouille le pelage; le voilà bien plus prisonnier que s'il était dans les fers ou attaché par des courroies! Il est juste que soit roulé à son tour celui qui à longueur de temps met tout son pouvoir à tromper le monde entier! Maintenant Renart est incapable de trouver un stratagème pour sortir de ce puits. Le voilà en bonne posture pour pêcher! Personne n'arriverait à le faire rire; une grande fureur l'envahit de se voir ainsi trompé. Il n'estime guère plus toute son intelligence qu'on ne le ferait d'un bouton. Seigneurs, il arriva qu'à ce moment-là, cette nuit justement et à cette heure précise, Isengrin, sans perdre de temps, vint à sortir d'une vaste lande ; il lui fallait en effet chercher sa provende[1], car la faim l'accablait cruellement ; il a tourné ses pas, de fort mauvaise humeur, pour venir devant la maison des moines : il y est venu au grand galop. Il trouva le pays en fort piteux état : « C'est un pays de démons, se dit-il ; impossible d'y dénicher de quoi manger, et rien de ce dont on a besoin ! » Il s'est mis au petit pas et s'en est allé tout droit vers le guichet ; le voilà arrivé au grand trot devant le couvent. Sur son chemin, il tombe sur le puits dans lequel Renart le roux prend du bon temps. Il s'est penché sur le puits, triste, affligé et plongé dans de mornes pensées ; il se met à regarder à l'intérieur du puits et à contempler son reflet. Plus il le vit, plus il l'examina attentivement ; il fit exactement de la même façon que Renart : en se couchant sur la margelle à plat ventre pour mieux voir son reflet dans l'eau, il s'imagina qu'il s'agissait de dame Hersent, qu'elle était installée là-dedans, et que Renart se trouvait avec elle… sachez qu'il n'en fut pas content ! « Me voici bien mal traité ! Ma femme m'avilit et me couvre de honte ! Renart le roux me l'a enlevée et l'a entraînée avec lui dans ce puits ! Le misérable traître, le brigand ! Abuser ainsi sa commère ! Je n'ai pourtant pas réussi à m'en

---

1. Provende : provisions.

défendre, mais si jamais je l'attrapais, je m'en vengerais si parfaitement, que jamais on ne m'en blâmerait!» Il a poussé un hurlement puissant; s'adressant à son reflet, il crie : «Qui es-tu? Qu'est-ce que tu manigances, sale pute que je prends sur le fait, et que j'ai trouvée ici en compagnie de Renart?» La voix remonte en écho du fond du puits et il lui semble qu'on lui répond; il s'est remis à hurler et la voix remonte du puits.

Tandis qu'Isengrin se lamentait, Renart était tout oreilles. Après l'avoir laissé suffisamment hurler, il s'est mis à l'interpeller : «Qui est-ce, mon Dieu, qui m'adresse la parole? Désormais c'est là-dedans que je tiens mon école. – Qui es-tu donc? dit Isengrin. – Eh bien, je suis votre bon voisin; jadis, je fus votre compère. Vous m'aimiez plus que votre frère! Par ma foi, on m'appelle Renart : j'ai été le spécialiste de la ruse et de la fourberie. Mais maintenant je suis mort, miséricorde divine! et je fais ici ma pénitence[1].» Isengrin s'exclame : «J'en suis fort aise! Eh bien, Renart, depuis quand es-tu donc mort?» Et lui de répondre : «Il n'y a guère longtemps. Il n'y a pas de quoi s'étonner si je suis mort! C'est ainsi que trépasseront tous ceux qui sont en vie, sans exception : il leur faudra passer par la mort le jour que Dieu décidera! Maintenant, mon âme est entre les mains de Notre-Seigneur, qui m'a délivré de cette vie de souf-

---

1. Pénitence : profond regret pour réparer ses fautes.

frances, de la puanteur de ce monde où je me vautrais ; que Dieu vous guide jusqu'à la mort ! Je vous prie, cher doux compère, de me pardonner les sujets de colère que je vous ai donnés contre moi naguère. » Isengrin dit : « Soit, je vous l'accorde : que vous soient donc pardonnés tous les griefs que j'avais, compère, ici même et devant Dieu ! Mais votre mort me rend chagrin. – Eh bien, moi j'en suis bien heureux ! répond Renart. – Tu en es bien heureux ! – Vrai, par ma foi ! – Cher compère, dis-moi pourquoi ! – Parce que, tandis que mon corps est couché en bière chez Hermeline, dans sa tanière, mon âme est installée au paradis, assise aux pieds de Jésus, compère ! Voilà pourquoi je veux me réjouir ! Jamais je ne me suis rendu coupable du péché d'orgueil ! Si toi tu es encore dans le royaume de la terre, moi je me trouve au paradis, au ciel. Ici, il n'y a que champs labourés, bois, plaines cultivées, prairies ; ici, quelle richesse en poussins ! C'est ici que l'on peut voir en nombre brebis, oies et chèvres ; c'est ici que l'on peut voir en masse des lièvres, des bœufs, des vaches, des moutons, des éperviers, des autours et des faucons ! » Isengrin jure par saint Sylvestre qu'il voudrait y être. Renart lui réplique : « Renoncez à cette idée ! Impossible pour vous d'entrer ici ! […] – Faites-moi donc entrer là-dedans ! » Et Renart de répondre : « Laissez tomber ! Ici, il n'y a pas de place pour les ennuis ! Regardez, là, cette balance. » Avec son doigt, il lui a montré le seau. Écoutez ce qui va arriver d'extraordinaire ! Renart, qui sait parfaitement manier la parole, l'avait convaincu que, pour de vrai, les seaux qui se trouvaient là, suspendus à la poulie, étaient la balance du bien et du mal, par Dieu, notre Père et Saint-Esprit ! Maître Renart, qui sait tricher de toutes les façons et qui désirait le piéger, explique : « Voici comment ils fonctionnent : quand l'âme se sépare du corps, que cela lui convienne ou la contrarie, elle s'installe bien sur un plateau, et la toute-puissance de Dieu est si grande que, si l'homme se repent bien de ses péchés, il descend ici, au fond, tandis que le mal reste tout entier là-haut. Mais sans s'être confessé, un homme ne saurait en aucune façon descendre ici, je te le dis. » Isengrin répond : « Dis-moi donc comment y aller, et que le Saint-Esprit te vienne en aide ! — As-tu avoué tes péchés ? — Oui, fait-il, à un vieux lièvre et à une chèvre à barbiche, tout à fait selon les règles et de sainte manière. Désormais mon âme ne risquera plus la damnation[1] pour ce que j'ai pu faire, chercher à obtenir ou accomplir en ce bas monde. — Puisque vous le voulez, descendez me rejoindre, mais auparavant il vous faut vous confesser et vous repentir de vos péchés, car seule la confession peut faire descendre quelqu'un ici. — Compagnon, qu'à cela ne tienne, ce n'est pas cette

1. Damnation : condamnation aux peines de l'Enfer.

formalité qui m'empêchera de venir vous retrouver en bas. Sachez – sans mentir, pour l'amour de Jésus ! – que j'ai rencontré aujourd'hui, chemin faisant, en venant ce matin, maître Hubert, le milan, en train de voler. J'ai couru me confesser à lui car je ne voulais pas attendre plus longtemps ; j'ai voulu qu'il me donnât ma pénitence, ce qu'il fit volontiers : il m'accorda le pardon de tous mes péchés, ce qui me causa, tenez la chose pour véridique, une grande joie ! – Cher compère, si je pouvais croire que fût vrai ce que vous me dites là, que vous êtes en règle avec votre conscience, je prierais le roi du ciel qu'il vous installe ici, où vous pourriez vivre dans la félicité. – Compère, allez, vite ! faites-moi rapidement entrer là-dedans, car j'ai le vif désir d'y aller ! En effet, par la foi que je dois à l'Esprit-Saint, je vous ai dit là-dessus la vérité ; au nom de Dieu, prenez-moi sous votre protection ! » Voici ce que Renart se met à lui crier : « Il vous faut donc prier Dieu et le remercier affectueusement, afin qu'il vous accorde un véritable pardon […] : c'est ainsi que vous pourrez entrer ici. » Isengrin n'y tient plus : il tourne son cul vers l'orient et sa tête vers l'occident et commence à brailler et à pousser de grands hurlements. Renart, capable de mainte merveille, était installé, en bas, dans l'autre seau, celui qui était descendu au fond du puits : si Renart s'y est couché, c'est que les choses vont mal tourner ; Isengrin aura de quoi se mettre en colère, ça ne traînera pas! Isengrin s'écrie: «J'ai fait ma prière à Dieu! – Et moi, dit Renart, je lui ai rendu grâces! Vous allez venir au fond, sans attendre!» Il faisait nuit à ce moment-là et les étoiles brillaient de toute leur clarté, se reflétant dans l'eau du puits. Renart, à qui il tardait de sortir, lui a monté une supercherie[1]. «Isengrin, vois-tu ce miracle? Devant moi brillent mille chandelles. Jésus t'accordera un vrai pardon et totale rémission!» Que la maladie le prenne aux oreilles! Pas trace de feu ou de chandelles! Ce qu'on y trouvait, en revanche, suffisamment, c'est le froid, l'obscurité et l'infamie. Isengrin, qui n'a jamais eu le moindre grain de sagesse, croit bien qu'il dit la vérité. Le voici donc qui fait tous ses efforts et qui se débat pour ramener le seau sur la margelle. À pieds joints il saute dedans: Isengrin était le plus lourd et il se précipite au fond. Écoutez donc ce que fut leur discussion! Ils se sont croisés dans le puits; Isengrin a interpellé Renart: «Compère, pourquoi t'en vas-tu?» et Renart lui a répondu: «Pas la peine de faire une telle tête; je vais vous expliquer la coutume du lieu: quand l'un descend, l'autre monte, tel est l'usage que l'on pratique ici! Moi, je monte au paradis, là-haut, et toi tu dégringoles en enfer. Moi j'ai réussi à échapper aux diables, et toi tu t'en vas chez les vrais démons: te voilà tombé fort bas, dans l'ignominie[2], et moi je

1. Supercherie: tromperie.
2. Ignominie: honte.

m'en suis sorti, que tu le saches bien! Par Dieu le Père et Saint-Esprit, là, au fond, se trouve le séjour des diables!» Dès que Renart a touché la terre, il est tout ragaillardi de faire la guerre à Isengrin, qui lui, est en mauvaise posture: aurait-il été fait prisonnier devant Alep[1], il n'aurait pas été aussi misérable qu'après être tombé dans le puits.

Seigneurs, écoutez maintenant ce qu'il en est des moines et comment ils perdirent leurs forces: leurs fèves, qu'ils avaient mangées réduites en purée, étaient trop salées; aussi avaient-ils trop bu le soir, et la nuit ils dormirent comme des loirs. Les serviteurs étaient paresseux et l'eau manquait. Mais il arriva que le cuisinier, qui avait la charge du garde-manger, retrouva ses moyens: il s'en vint au puits le matin, conduisant un âne d'Espagne et des compagnons, qui étaient trois. Tous les quatre atteignent le puits au bon trot, attellent l'âne à la corde de la poulie, et l'animal tire sans ménager ses efforts. Les moines ne cessent de le frapper, l'âne ne cesse de tirer de toutes ses forces, sans arriver à avancer ni à reculer, malgré la volée de coups qu'il reçoit. Un moine alors s'est appuyé sur le bord du puits et s'est couché sur la margelle; il se met à regarder vers le fond et découvre Isengrin. Il s'adresse aux autres: «Que faites-vous donc, par Dieu le Père glorieux! C'est un loup que

---

1. Alep: ville de Syrie.

vous êtes en train de tirer!» Et tous, saisis de panique, de se précipiter vers le couvent, plus vite que le pas ou le grand trot, mais sans oublier de bloquer la poulie : Isengrin souffre mille morts. Les frères appellent les domestiques : Isengrin ne va pas tarder à passer un mauvais quart d'heure! L'abbé se saisit d'une massue, de bonne taille et pleine de nœuds, le prieur d'un chandelier. Il ne demeure au monastère pas un seul moine qui n'emporte un bâton ou un épieu[1], tous sont sortis de leur logis et se mettent à courir vers le puits, bien décidés à donner des coups. Ils font tirer l'âne qui était resté là et l'aident de toutes leurs forces, si bien que le seau finit par arriver au bord. Isengrin n'attend pas qu'on lui offre une trêve : il fait un bond tout à fait remarquable, et les chiens se mettent à sa poursuite, lui déchirant la fourrure dont ils font voler les touffes. Entre-temps, les moines l'ont attrapé et vigoureusement rossé. L'un d'eux le frappe au niveau des reins : Isengrin est tombé entre de mauvaises mains; quatre fois de suite il s'est évanoui; il en voit vraiment de toutes les couleurs. Il s'est allongé sur la margelle du puits et là, il fait le mort. Voici qu'arrive le prieur – que Dieu lui réserve la honte et le déshonneur! – qui prend son couteau à la main avec l'intention de l'écorcher. Il était tout près de lui faire la peau, quand l'abbé l'in-

---

1. Épieu : gros et long bâton terminé par une pointe en fer.

terrompt : « Laissez tomber ! Il a le pelage en lambeaux et il a succombé sous les coups que nous lui avons assenés ; il ne fera plus la guerre à personne, et laissera cette terre en paix. Retournons au couvent et laissez-le tranquille : il n'a guère envie de partir. » Chaque moine a repris son épieu et tous s'en reviennent au logis. Isengrin, qui a souffert un tel martyre, constate qu'il n'y a plus personne ; il s'en va, au supplice, car il a la croupe rompue. Il est arrivé à un buisson, mais son échine a reçu tant de coups qu'il ne peut plus bouger. Il vit son fils qui venait au-devant de lui, et lui demanda sur-le-champ : « Cher père, qui vous a ainsi arrangé ? – Mon fils, c'est Renart qui m'a assassiné et m'a trahi par sa fourberie. Il m'a fait tomber dans un puits ; plus jamais je ne pourrai retrouver mes forces. » Quand l'autre l'entend ainsi parler, il en est fort irrité : il jure par Dieu qui a subi le martyre que s'il peut l'attraper et le tenir entre ses poings, il lui fera payer son mauvais tour ! [...]

Alors Isengrin se retire dans ses terres et fait mander les médecins qui se sont occupés de le soigner : il y en eut jusqu'à dix à son chevet, et à force de remèdes, il finit par recouvrer ses forces. Voilà Isengrin à nouveau grand et fort : si maître Renart franchit les limites de son territoire et que lui, il lui tombe dessus tandis qu'il chemine, sachez qu'il lui en fera voir ! (Branche V.)

Arrêt sur lecture 4

Au début de l'aventure

La faim fait sortir le renard du bois...

« Renart et les anguilles » s'ouvre immédiatement sur notre héros qui quitte sa tanière pour partir en quête de nourriture. La saison hivernale revient et il n'a plus de provisions : ses réserves sont épuisées. Ce début qu'on nomme *in medias res**, c'est-à-dire sans introduction ni présentation particulière, est très fréquent dans *Le Roman de Renart*. Il se caractérise par la présence du motif* de la faim à l'origine de l'aventure. Renart quitte sa demeure et se rend sur un chemin, c'est là qu'il va rencontrer la charrette des marchands. La voie est une image de l'aventure, car c'est par une route que tout arrive ; c'est donc une métaphore* de l'écriture.

Dans l'épisode du « Puits », la faim est également un motif très important qui justifie le départ du goupil :

> L'autre jour, il était parti en terre étrangère pour chercher sa subsistance, à cause de la disette et d'une cruelle faim qui le faisait souffrir.

Que ne ferait-on pas quand on a faim ? Renart se fait passer pour mort afin d'être jeté dans la charrette. Dans la représentation qui suit, il est bien vivant ! Que fait-il alors ?

Mais ce thème traditionnel est précédé d'un long prologue*
dans lequel le conteur apostrophe ses auditeurs, souligne les
péripéties*…

La voix du conteur

Un prologue très structuré… – Le prologue du « Puits » est parfaitement structuré en quatre parties :

– Le conteur donne à entendre un texte qui fait rire, non un
sermon* ou une Vie de Saint*. Il dit vouloir faire plaisir à ses
auditeurs en leur offrant un conte à rire. Ce procédé est appelé,
selon une expression latine, la *captatio benevolentiae** : le
conteur éveille dans son public le désir d'écouter le récit.

– Dans un deuxième temps, il demande aux auditeurs de faire
silence, de tendre l'oreille à son histoire. Une écoute attentive
est nécessaire, car on ne doit pas troubler la récitation si l'on
veut pénétrer dans l'univers à part des animaux.

– Ensuite, l'auteur dit « […] vous pourriez apprendre quelque
chose qu'il ferait bon retenir ». Il ne s'agit donc pas seulement
de plaire mais aussi d'instruire le public. Selon le conteur, il est
possible de trouver une sagesse dans ce conte à rire.

– Enfin, la dernière étape de ce prologue mentionne le personnage principal de l'action, c'est Renart, l'expert en ruse et en
tromperie. Il n'est nommé qu'à la fin du prologue, ce qui crée un
effet de suspens.

…mais un prologue paradoxal – Le début du texte pose un
problème : le conteur insiste à la fois sur la sagesse que va transmettre le récit et sur le goupil qui donne un exemple déplorable
puisqu'il est de « fort mauvaise école ». Comment concilier ce
qui s'oppose à ce point ? Il semble nécessaire pour cela d'inven-
ter un personnage, le goupil, qui inspire à la fois la crainte et
l'admiration. Et la puissance de la ruse et la sagesse dont fait

preuve Renart pour se tirer d'un mauvais pas séduisent les auditeurs, malgré sa cruauté et son caractère diabolique.

On peut aussi penser que c'est Renart qui au cours de sa mésaventure va découvrir une sagesse : au début du récit, le goupil est
imprudent et naïf lorsqu'il croit voir Hermeline au fond du puits.
Au fil du récit, il va développer son intelligence pour sortir de sa
prison : grâce au mécanisme de la poulie, Renart remonte tandis
qu'Isengrin descend. La poulie est une machine qui permet d'in-
verser la situation initiale : elle remonte celui qui était retenu en
bas à cause de sa naïveté. C'est un autre naïf qui doit le remplacer. Renart gagne ainsi un enseignement, qui n'est pas moral
mais de simple bon sens : il sera désormais plus prudent.

L'oralité du texte

De l'orateur au spectateur : les marques de l'oralité

« Renart et les anguilles » débute par une apostrophe : « Seigneurs », que l'on retrouve à plusieurs reprises dans « Le puits ».
Cette apostrophe requiert l'attention du public et le flatte. En
effet, il n'y avait pas que des seigneurs présents pour écouter les
aventures du goupil, mais aussi des bourgeois ou des catégories
sociales sans richesse ; tous sont flattés de s'entendre nommer
ainsi. Ce titre est une première marque d'oralité : il interpelle les
auditeurs. L'apostrophe s'accompagne de l'omniprésence* du
pronom personnel « vous » qui donne l'impression qu'un dia-
logue entre le conteur et le public va s'établir. Vous pouvez souli-
gner dans le prologue* du « Puits » tous les « vous » présents.
Vous remarquez qu'il y en a un grand nombre. Vous pouvez aussi
relever les occurrences de « voici » et de « voilà » : ce sont des pré-
sentatifs formés du verbe « voir » et des particules « ci » ou « là ».

Ces deux termes permettent de véritablement mettre le récit sous les yeux du public : de lui faire entendre et voir la scène.

Le conteur indique les moments forts

Regardons attentivement les apostrophes dans l'épisode du «Puits». Après le prologue*, alors que Renart est penché sur la margelle du puits, on lit :

> Seigneurs, écoutez, ce que je vais vous raconter maintenant est extraordinaire !

Un peu plus loin, le loup fait son apparition dans le récit. Le conteur dit :

> Seigneurs, il arriva qu'à ce moment-là [...] Isengrin, sans perdre de temps, vint à sortir d'une vaste lande.

Enfin, alors que les moines assoiffés sortent chercher de l'eau, l'auteur écrit :

> Seigneurs, écoutez maintenant ce qu'il en est des moines et comment ils perdirent leurs forces.

Ces interventions permettent de baliser les moments importants du texte : à chaque fois entre en scène un nouveau protagoniste* qui va modifier la situation. Renart croit voir Hermeline, Isengrin s'approche du puits, les moines arrivent. Ces marques structurent le récit.

Isengrin le loup, l'ennemi juré

Une amitié très vite inversée en haine

Les branches V et X mettent en scène un personnage essentiel du *Roman de Renart* que l'on a parfois rencontré. Il s'agit du loup, l'ennemi juré de Renart. À l'origine, le loup et le goupil sont amis, ils sont même unis par un lien de parenté : Isengrin est l'oncle de Renart. Mais de cette amitié première, il ne reste rien : les deux compères sont en guerre, car Renart a violé Hersent, la femme du loup, et a humilié ses louveteaux. Depuis ce jour, ils se vouent une haine sans bornes. Signalons aussi que Renart aime par-dessus tout se moquer d'Isengrin et lui infliger des déconvenues. Pour lui, cette guerre est aussi un plaisir.

Le loup, un éternel perdant

Le loup, dans *Le Roman de Renart*, est présenté comme un animal cruel et violent. Renart, comme les hommes du Moyen Âge, a peur de sa force impulsive. Mais Isengrin est aussi naïf et crédule. Renart profite donc de son manque d'intelligence pour le duper et l'humilier. Voici une phrase qui définit parfaitement le jugement porté sur le loup (« Le puits ») :

> Isengrin, qui n'a jamais eu le moindre grain de sagesse, croit bien qu'il [Renart] dit la vérité.

Dans presque toutes les branches*, Isengrin est physiquement maltraité : il est roué de coups, frappé par des paysans ou par des moines… Dans « Renart et les anguilles », il laisse sa queue prisonnière de la glace ; dans « Le puits », il est rossé par les moines à tel point qu'il a la croupe rompue et que sa pelisse est en lambeaux.

Le loup est aussi fréquemment ridiculisé. Dans la branche X, Renart lui inflige une tonsure avec de l'eau bouillante qui lui découvre tout le cou ; dans « Le puits », il exige que le loup se confesse. Devant le puits, Isengrin tourne « son cul vers l'orient et sa tête vers l'occident et commence à brailler et à pousser de grands hurlements ». La position du loup est ridicule, chacun doit rire aux éclats de voir le loup ainsi accroupi – il est tourné dans le mauvais sens – pour prier Dieu.

La faim du loup

Le loup est vulnérable parce qu'il a faim. Dans « Renart et les anguilles », il accepte d'être tonsuré pour pouvoir manger des tronçons d'anguilles grillés ; plus loin dans le récit, il laisse sa queue prise dans la glace en voulant pêcher des poissons pour se nourrir. Dans « Le puits », Isengrin salive de faim lorsqu'il entend Renart énumérer les richesses qu'on trouve dans ce lieu protégé. En effet, le paradis se caractérise par l'opulence : il est riche de poussins, de brebis, de chèvres ; il y a des lièvres, des bœufs, des moutons… Voici donc au fond du puits la nourriture préférée du loup. La faim rend Isengrin idiot et naïf : il se fait duper, car il est affaibli par le manque de subside. Vous retrouvez ici un élément essentiel qui structure *Le Roman de Renart* : la disette, la famine.

La satire des moines

L'opulence et la gourmandise

Ces deux branches* sont l'occasion pour les auteurs de proposer une critique violente de la société religieuse du Moyen Âge. Les moines sont présentés comme des hommes gourmands, alors que la gourmandise fait partie des sept péchés capitaux, et inhospitaliers, alors qu'ils devraient faire preuve de générosité. Dans « Renart et les anguilles », le goupil, qui s'est fait religieux, dit à Isengrin qu'il reçoit chez lui des moines et des chanoines pour le repas, mais il refuse d'accorder l'hospitalité au loup. Par ailleurs, Isengrin croit qu'il suffit de devenir moine pour manger à sa faim tous les jours des mets délicieux et raffinés, comme des anguilles grillées : cette conviction du loup constitue en elle-même une critique de l'ordre religieux.

Dans « Le puits », la même gourmandise – les religieux se

goinfrent de fèves trop salées – et le même manque de générosité sont critiqués. Les moines vivent dans l'abondance de biens, ils possèdent une abbaye, véritable forteresse contre les renards et les loups, richement garnie en poules, alors que la province entière manque de nourriture.

La satire religieuse

Une critique acerbe, comme celle portée contre l'institution religieuse, porte le nom de satire*. Celle-ci se définit comme un procédé qui cherche à dépasser le simple comique pour dénoncer une attitude jugée inacceptable. Ces deux branches* du *Roman de Renart* permettent aux auteurs d'attaquer la richesse de l'Église, alors que le bas peuple meurt de faim, et l'absence de toute charité. À cette époque, il est vrai que l'Église, et notamment l'ordre cistercien, est en pleine expansion, comme le montre la description du poulailler auquel veut s'en prendre Renart au début de l'épisode du « Puits ».

à vous...

1 – À partir de l'épisode du « Puits », retrouvez les mots correspondant à chaque définition. Complétez le mot croisé à l'aide des définitions suivantes.

Horizontalement :

1. Placé sur la margelle du puits, il permet de descendre au fond.
2. Lieu situé derrière la grange et dans lequel Renart trouve sa nourriture préférée.
3. Elle permet de se repentir de ses péchés.
4. Complète la fourberie du goupil. Renart en est un spécialiste.

Verticalement :

a. Variété d'oiseau qu'on trouve dans le paradis de Renart.

b. Les moines en mangent. Elles sont trop salées.

c. Réservoir d'eau situé au milieu de la cour.

d. Retour de voix.

e. Lieu où vivent les moines.

f. Compère de Renart affamé et triste.

g. Renart l'aime d'un amour courtois*.

Relevez les lettres dans les cases où figure un astérisque et remettez-les dans le bon ordre pour retrouver l'autre nom du renard.

2 – Essayez à votre tour de composer des mots croisés à partir de l'épisode de «Renart et les anguilles».

3 – Dans «Renart et les anguilles», relevez tous les éléments qui justifient le départ de Maupertuis. Qui rencontre-t-il sur le chemin? Qu'y a-t-il dans les paniers des marchands? Entre le départ de Maupertuis et le retour du goupil, quelle évolution s'est produite?

4 – Dans l'épisode du «Puits», combien le goupil croque-t-il de poules? Pourquoi Renart en emporte-t-il une à Maupertuis? Que veut-il en faire? Dans «Renart et les anguilles», comment sont préparés les poissons? Est-ce habituel pour des animaux de préparer ainsi des aliments? Quel effet cela apporte-t-il dans le récit?

5 – Sur la reproduction du manuscrit (p. 167), parvenez-vous à reconnaître certains mots du texte et à transcrire* les quatre vers qui figurent sous la miniature* présente dans la colonne de gauche?

La naissance de Renart

Seigneurs, vous avez entendu bien des histoires que vous ont racontées nombre de conteurs, sur la façon dont Pâris enleva Hélène[1], sur les malheurs et les peines que cela lui causa; vous avez entendu parler de Tristan[2], dans le récit qu'en a fait avec un certain talent La Chèvre, ainsi que des fabliaux* et des chansons de geste; vous connaissez des histoires en français sur le lin[3] et sur la bête que maints autres relatent à travers la terre; mais jamais vous n'avez entendu parler de la guerrre; elle fut si épouvantable et si dure, celle qui opposa Renart et Isengrin; elle dura longtemps et fut très violente; c'est la vérité toute pure que les deux chevaliers n'ont jamais, au grand jamais, eu d'affection l'un pour l'autre; ils se

1. Pâris et Hélène : Pâris est un héros de la mythologie grecque qui enleva Hélène provoquant ainsi la guerre de Troie.
2. Tristan : héros de la littérature médiévale.
3. Le lin : allusion très étrange que les chercheurs n'ont pas élucidée.

sont affrontés en mainte bataille et maint combat, voilà la vérité. Je vais donc commencer mon histoire.

Écoutez donc, s'il vous plaît. Je vais vous raconter avec plaisir comment Renart et Isengrin vinrent au monde, ainsi que je l'ai trouvé dans une de mes lectures, et qui ils furent. Un jour, je découvris dans un étui un livre intitulé *Aucupre*. J'y trouvai bien des histoires, sur Renart et sur d'autres sujets, dont il faut bien oser parler. Après une grande initiale rubriquée[1], je trouvai un récit tout à fait extraordinaire. Si je ne l'avais lue dans ce livre, j'aurais tenu pour un ivrogne celui qui aurait conté pareille aventure, mais on doit croire ce qui est écrit. Il meurt justement déshonoré celui qui n'aime ni n'ajoute foi aux livres.

Aucupre raconte donc à partir de cette initiale – que Dieu le protège, lui qui sut l'inscrire là – comment Dieu avait chassé du paradis Adam et Ève, parce qu'ils avaient transgressé ses commandements. Il prit pitié d'eux et leur donna une verge dont il leur montra l'usage. Lorsqu'ils auraient besoin de quelque chose, ils en frapperaient la mer. Adam, qui tenait la verge en main, frappa la mer sous les yeux d'Ève : une brebis en sortit. Adam dit alors : « Dame, prenez cette brebis et gardez-la bien.

---

1. Initiale rubriquée : majuscule décorée.

Elle vous donnera tant de lait et de fromage que nous aurons de quoi nous nourrir en suffisance.» Ève pensait en elle-même que, si elle en avait encore une, leur société en serait plus belle. Elle saisit vivement la verge pour en frapper la mer violemment. Un loup en sortit qui s'empara de la brebis. À vive allure, au grand galop, le loup s'enfuit dans les bois. Lorsque Ève vit qu'elle avait perdu sa brebis, si personne ne lui venait en aide, elle se mit à crier très fort : «Ah! ah!» Adam reprit la verge dont il frappa la mer fort en colère : un chien en sortit bien vite. Quand il vit le loup, il se lança à bride abattue pour reprendre la brebis. Il la reprit au loup, qui la lui laissa bien malgré lui. Et celui-ci agirait de même demain encore, s'il trouvait la brebis dans les bois ou la plaine. Mais à cause de sa mésaventure, il s'enfuit tout honteux dans le bois.

Lorsque Adam retrouva son chien et sa bête, il se réjouit fort. Selon l'opinion du livre, ces deux animaux ne pouvaient vivre et subsister bien longtemps, s'ils n'étaient pas avec des humains. Et vous ne sauriez imaginer d'animal qui ne puisse plus facilement s'en passer. Toutes les fois qu'Adam frappa la mer et qu'une bête en sortit, ils la gardèrent; quelle qu'elle fût, ils l'apprivoisaient. Mais de celles qu'Ève fit sortir, ils ne purent garder aucune. Aussitôt qu'elles sortaient de la mer, elles s'en allaient trouver le loup dans le bois. Les créatures d'Adam s'apprivoisaient aisément, celles d'Ève devenaient sauvages. Entre autres bêtes sorties de la mer, il y eut le goupil, et il devint sauvage. Il avait le poil roux comme Renart, était excessivement habile et cruel. Grâce à son intelligence, il trompait toutes les bêtes qu'il trouvait sur son chemin. [*Ainsi naissent le goupil, le loup, la louve et la renarde. Tous deviennent sauvages et s'enfuient dans la forêt.*]

Ces quatre-là s'unissaient parfaitement ; jamais depuis on ne trouva leurs pareils. Si Isengrin est un maître voleur, le roux est lui aussi un bandit de haute volée. Si Richeut[1] est pleine de convoitise[2], la renarde est débordante de lubricité[3]. Parce qu'ils se conduisaient pareillement, Renart était devenu le neveu d'Isengrin. Voilà tous les liens de parenté et d'amour qui les unissent, comme je vous le dis. Ils n'en ont pas d'autres, à moins que mon livre de référence ne m'induise en erreur. Quand il accompagnait le loup, le goupil lui disait : « Cher oncle, que désirez-vous faire ? », afin de s'attirer son amour. Et le loup s'adressait en parfait ami au goupil, car il n'avait aucune haine pour lui. Ainsi se traitaient-ils d'oncle et de neveu, lorsqu'ils se voyaient. [...].

1. Richeut : autre nom de la louve.
2. Convoitise : désir de posséder, cupidité.
3. Lubricité : débauche.

Ainsi donc vous avez entendu tout à l'heure comment sont arrivés au monde Renart et Isengrin le loup. Maintenant vous allez entendre à nouveau parler de ces deux-là. Je vais vous raconter un épisode de leur vie que j'ai appris. Un jour, Renart, tout malade et plein d'ulcères[1], vint trouver son oncle. Isengrin lui dit : «Cher neveu, qu'as-tu? Je te vois presque mort!» Renart répondit : «Je suis malade. – Certes, mais dis-moi, as-tu mangé aujourd'hui? – Non, seigneur, et je n'en ai pas envie. – Levez-vous, dame Hersent, et faites-moi une petite fricassée avec deux rognons et une rate.» Renart se tut, tête baissée en pensant que le loup avait fait des jambons. Il leva un peu la tête et vit pendre trois jambons à la poutre maîtresse. Souriant aux jambons, il dit : «Il est bien fou celui qui vous mit là! Ah! cher oncle Isengrin, il y a tant de mauvais voisins : l'un d'eux pourrait voir là vos jambons et en voudrait avoir sa part. Dépendez-les bien vite et dites qu'on vous les a volés.» Isengrin répondit : «Je pense bien qu'il n'y goûtera pas celui qui saura cela.» Alors Renart se mit à rire : «Vous ne pourrez, dit-il, l'interdire, car tel pourrait vous en prier qui…» Isengrin l'interrompit : «Taisez-vous. Je n'ai frère, neveu ou nièce à qui j'en donnerais un morceau.» Il dit cela pour Renart ainsi que pour son père, sa femme et sa mère.

---

1. Ulcères : plaies qui ne cicatrisent pas.

Il ne se passa pas beaucoup de temps avant que Renart ne revienne tout doucement à la maison du loup, lorsqu'il dormait. Il ôta la toiture au niveau de la poutre maîtresse, avec toute la puissance dont il se sentait capable, il sortit par là les jambons. Il les emporta chez lui où il les mit en pièces et en cacha les morceaux dans la paille de son lit. Isengrin se leva de bon matin, il vit sa maison découverte et constata la perte de ses trois jambons. «Ah! dit-il, dame Hersent, merde! On nous a salement joués.» Celle-ci saute à bas du lit comme une folle, nue et toute échevelée[1]. «Dieu, dit-elle, qui a fait cela? Voilà un affront fort désagréable.» Mais ils ne savent à qui s'en prendre et tous deux ne peuvent que se montrer leur mutuelle colère. Après le déjeuner, Renart vint en se promenant à leur maison, fort gaiement. Il trouva son oncle dans la désolation. «Mon oncle, dit-il, qu'avez-vous? Je vous vois tout pensif et désolé. – Cher fils, dit-il, il y a bien de quoi : j'ai perdu mes jambons, tous les trois. C'est cela qui me remplit de colère et de douleur. – Mon oncle, voilà bien ce que vous devez dire! Si vous dites par toute la rue que vous avez perdu cette viande, ni parents, ni amis ne vous en demanderont par la suite. – Cher neveu, dit-il, c'est la vérité que je te dis : je les ai perdus et cela me chagrine!» Renart répondit : «Je n'ai

---

1. Échevelée : ébouriffée.

jamais rien entendu de pareil. "Tel se plaint qui n'a aucun mal." Je sais bien que vous les avez mis en lieu sûr, contre vos parents et vos amis. – Allons, fait-il, tu te moques? Par la foi que tu dois à l'âme de ton père, ne crois-tu donc pas ce que je dis? – Continuez à dire ainsi, dit Renart. – Renart, dit dame Hersent, je pense que vous avez perdu la raison! Si nous ne les avions pas perdus, nous n'en aurions pas refusé même à un moine. – Dame, dit Renart, je sais bien que vous êtes rusée et habile. Cependant votre perte se limite à avoir découvert votre maison. Dites bien que c'est par là qu'on les a dérobés. – Par Dieu, Renart, c'est bien le cas!» Renart répondit: «C'est ce que vous devez affirmer. – Renart, je n'ai pas envie de rire. Je suis accablé par leur perte. Cela nous cause un grand préjudice.» À ces mots, Renart s'en alla joyeux alors qu'ils restèrent à se lamenter. Ce fut là un épisode des jeunes années de Renart. Depuis il apprit tant de ruses et de tours qu'il ne cessa de causer de graves ennuis à son oncle et à d'autres. (Branche XXV.)

La mort de Renart

À l'une des extrémités de la salle du palais se sont assis Isengrin et Renart : devant eux il y a un superbe échiquier sur lequel ils commencent à disposer leur jeu. Renart dit à Isengrin de faire venir un marc[1] d'or pur, pour qu'il serve d'enjeu, et l'autre s'exécute ; il place aussitôt la mise sur l'échiquier. À son tour, Renart en mise autant, et ils se mirent à jouer avec une grande concentration. Isengrin était un joueur expert : avec un pion il a pris une tour de son adversaire ; après la tour, il a gagné la reine. La partie continua ainsi jusqu'à 9 heures. Isengrin avait bien gagné ses cent livres[2], et Renart se demandait s'il n'était pas ivre, car il n'avait plus de quoi miser. Il interpelle le loup : « Écoute-moi, Isengrin, au nom

1. Marc : ancienne monnaie française.
2. Livres : ancienne monnaie française.

de la fidélité que je te dois, je n'ai plus les moyens de suivre les enchères à moins d'engager mes couilles et mon vit[1] ! Mais je continuerais volontiers à jouer si tu veux mettre en face de l'argent ! – Eh bien, par ma foi, dit-il, c'est d'accord ! » Et ils se remettent derechef[2] au jeu et Renart a vite fait d'y perdre ses bijoux de famille. Isengrin, le gagnant, ne se tint plus de joie et d'allégresse : immédiatement et sans perdre de temps, il a fait apporter un énorme clou qu'il lui planta en plein milieu des bourses et le fixa ainsi sur l'échiquier, après quoi il s'en alla et abandonna Renart à ses cris et hurlements : il est furieux et fou de rage, tant il souffre le martyre. Madame Fière entendant le cri vint immédiatement de ce côté pour lui porter secours : elle fut fort marrie[3] de ce qui lui arrive ! Elle a bien du mal à le sortir de là, et le prit avec elle dans sa chambre, le couchant dans un lit. Mais il n'y fut pas pour goûter aux plaisirs de l'amour, car la douleur l'accablait à ce point qu'il était au bord de l'évanouissement. La rage lui trouble le sang ; il se sent mal ; il finit par tomber en pâmoison[4]. Il resta longtemps évanoui, de sorte qu'elle s'imagina qu'il était réellement mort ; aussi se mit-elle à crier : « Seigneur Renart, que se

1. Vit : sexe masculin.
2. Derechef : aussitôt.
3. Marrie : affligée.
4. Tomber en pâmoison : s'évanouir.

passe-t-il? Voulez-vous me quitter ainsi?» Elle a ensuite poussé un soupir que Renart a entendu; il entrouvrit les yeux, se mit à parler et dit : «À quoi bon, Madame, manifester tant de chagrin comme je vous vois faire? Faites préparer un bain, car j'ai envie de me baigner un peu! – Seigneur, fait-elle, c'est bien volontiers que je ferai pour vous ce dont vous aurez besoin!» Elle ordonne donc qu'on lui fasse chauffer un bain et tous ses ordres sont exécutés sans délai. Les domestiques ont porté Renart jusque dans la cuve et l'ont plongé dans l'eau. Dame Fière lui dit : «Mon ami, je crois que la perte sera irréparable pour moi! – Si j'en suis arrivé à cette extrémité, je ne peux m'en prendre qu'à mon ignorance, qui, j'en ai bien peur, me fera mourir dans les tourments; j'en souffre à cause de l'amour que j'ai pour vous, car je crois que je vais vous quitter; je ne verrai sans doute pas la fin de cette journée!» En entendant ces paroles, Dame Fière en a quasiment le cœur brisé de chagrin et de courroux : «Hélas! s'écrie-t-elle, plus jamais je ne connaîtrai de joie!» À ces mots, sans autre forme de procès, ils ont retiré Renart de la cuve; ils l'ont couché dans un lit car il est en bien triste état. Il a demandé à se confesser, son âme en obtiendra la rémission de ses péchés[1]. «Croyez-m'en, il me tarde fort de le faire! Permet-

---

1. Rémission de ses péchés : pardon.

tez-moi de parler à Bernard l'archiprêtre, je me confesserai à lui et lui avouerai mes péchés.» La dame lui répondit sur-le-champ qu'elle fera ce qu'il désire.

Elle a aussitôt mandé Bernard, qui sans perdre de temps est accouru sans délai avec tous les attributs de sa fonction. Ils avaient installé maître Bernard sur un banc, placé aux pieds de Renart. Il adresse la parole à Renart : «Renart! vous voulez vous confesser? Si vous avez le désir de vous repentir, vous pouvez faire une bonne fin. Renoncer aux perversions et aux vices qui ont si longtemps entaché votre vie, car la sagesse commande de se repentir! – Seigneur, dit Renart, veuillez m'écouter!» [*Renart se confesse avant de mourir. C'est une confession longue dans laquelle il se vante des tours qu'il a joués.*]

Une fois le serment prêté, Renart reste tout seul et se plaint bruyamment, car l'angoisse l'oppresse cruellement. Il a poussé un gémissement puis s'est évanoui; Dame Fière lui frotte les poignets et le visage d'un peu de baume. Elle frotte vigoureusement, de tous ses efforts – c'est ce que je pense et je vous l'affirme – mais Renart était à bout de forces, au point qu'il ne réagit plus. Il est dans un état de syncope[1] si profond que tous le croient mort; immense est alors le chagrin! Madame Fière, la

1. Syncope : arrêt cardiaque.

reine, affiche une mine maussade : sa douleur et le malheur qui la touche en sont cause. Le vacarme en est venu jusqu'aux oreilles du roi qui est aussitôt accouru : dans la chambre il a vu Renart évanoui ; il n'en croit pas ses yeux : on lui aurait donné la totalité de ce que peut posséder un roi ou un comte, qu'il aurait été incapable de rester debout sur ses pieds ; il ne peut s'empêcher de tomber à la renverse, en disant : «Renart, je vous ai perdu et plus jamais je n'aurai de vassal aussi vaillant ! » Alors, sans perdre de temps, il a fait appeler tous ses gens, qui le réconfortent énergiquement et lui font remarquer qu'il n'est pas très convenable, de la part d'un homme de si grand renom, de manifester si ostensiblement[1] son chagrin pour un baron : «En revanche, puisqu'il est mort, disent-ils, faites venir sans tarder sa famille.» Immédiatement et sans délai, il a convoqué un messager et a fait mander sans attendre Hermeline à Maupertuis, ainsi que ses trois fils, dont la douleur est grande quand ils entendent la nouvelle. Ils se mettent en route et arrivent au château où se trouvait le roi. Quand Hermeline pénètre dans la chambre, son cœur bat la chamade et elle commence à exprimer si bruyamment sa douleur qu'on n'aurait pas entendu le tonnerre de Dieu. Ils disaient, elle et ses fils, bien fort : «Seigneur, il n'y a pas encore deux

---

1. Ostensiblement : ouvertement.

semaines que vous avez quitté Maupertuis, content et joyeux, sans y être retourné depuis ! Et aujour-d'hui, il y a en ces lieux ce malheur si pénible et si visible ! Grimbert n'est pas encore au courant : il faut le prévenir de votre mort, ce sera une sage déci-sion. » Et le roi de déclarer : « Eh bien ! qu'on le fasse venir ! » Il a appelé un messager qui s'est précipité, et lui dit : « Va, sans tarder tout droit à Maubuisson, et dis à Grimbert qu'il doit venir me trouver ici, et raconte-lui ce qui s'est passé ! » L'autre s'en va à toute allure. Pendant ce temps-là, Grimbert le blai-reau était assis dans la cour de Maubuisson.

Quand le messager pénètre dans la cour, Grimbert accourt à sa rencontre et lui demande : « Que dési-rez-vous, mon ami ? Soyez le bienvenu ! Au service de qui êtes-vous ? – Seigneur, dit-il, je suis au service du roi, qui me charge de vous adresser son salut et vous prie et ordonne, de surcroît, de venir le rejoindre sans délai ! » Grimbert, l'entendant, s'in-quiète et lui répond : « J'irai volontiers ! Dites-moi donc, mon très cher ami, la raison qui fait que l'em-pereur me demande. – Seigneur, dit le messager, au nom du Saint-Père, c'est parce que votre voisin Renart est mort ; vous n'aviez pas meilleur voisin ! » Grimbert apprend la nouvelle et, croyez-le, elle ne lui fit pas vraiment plaisir, au contraire, son cœur en fut rempli de douleur. Il a déclaré au messager : « Mon ami, par le Dieu de vérité, voilà une bien triste commission que tu me fais là en m'annonçant la mort de mon cousin germain! j'étais au mieux et me voilà au plus bas. C'est grâce à lui, soyez-en convaincu, que ma fortune s'est accrue.» À ces mots ils sont partis de concert et se sont mis en route, ne s'arrêtant pas avant d'avoir gagné la Cour. Il n'y manqua pas de courtisans pour se montrer satisfaits de leur arrivée. Grimbert, épuisé, s'est assis à côté du cercueil, abattu par la douleur et plongé dans de tristes pensées; il se tenait la tête baissée. À côté de la dépouille mortelle, la mine qu'il fait et l'expression de sa figure sont parfaitement adaptées à la situation. De temps à autre, il s'agite, criant et pleurant énergiquement, puis il déplore sa perte avec tendresse : il est inconsolable. Le roi fait porter la dépouille dans la grande salle, solennellement[1]; ils demeurèrent là jusqu'à la nuit. Dame Fière s'affaire pour faire fabriquer et apporter des cierges; en grand nombre, à foison, on les allume dans toute la maison. Il y en avait tant que je ne saurais vous en dire le nombre! Jamais encore, même pour un roi ou un comte, on n'avait vu tel étalage de lumières. Grimbert, une fois ses manifestations de deuil terminées, s'est assis à côté du cercueil et déclara au roi : «Par saint Denis et par la foi que vous devez avoir en saint Gilles, faites donc chanter les vigiles[2] des morts,

1. Solennellement : avec grandeur et sérieux.
2. Vigiles : chants religieux.

immédiatement et sans délai!» Le roi répond : «Par saint Éloi, Grimbert, voilà qui est bien parlé!» Il a appelé Bernard : «Bernard, avancez et faites venir vos compagnons; chantez les vigiles des morts, pour Renart que vous voyez ici, mort, ce qui me chagrine fort! – À vos ordres, sire!» lui a répondu Bernard. Sur-le-champ, il se sépare du roi, emmenant avec lui Tibert le chat, monseigneur Hubert le milan, et monseigneur Tardif que la disparition de Renart plongeait dans de mornes pensées. Voilà ceux que Bernard amena avec lui, et le hérisson d'autre part, qui était fort élégant et avait toutes les qualités, ainsi que le grillon, maître Frobert; il a emmené aussi Chantecler, tout ce beau monde pour chanter les vigiles, sans oublier maître Roonel le mâtin, le seigneur Ferrant le cheval de bât, et Brun l'ours, et Bruiant le taureau; avec eux il y avait encore Isengrin et maître Brichemer ainsi que le seigneur Baucent le sanglier. Ils ont revêtu leur tenue, ils se sont préparés et sont revenus se placer devant la dépouille, en plein milieu de la grande salle. Le visage de Grimbert avait changé de couleur : il était pâle, parce qu'il avait une grande affection pour Renart. Avec ses acolytes il a entonné les vigiles, tandis que parmi l'assistance il y en avait beaucoup qui s'arrachaient les cheveux des tempes et se frappaient de leurs poings[1]. Roonel,

1. S'arrachaient les cheveux des tempes et se frappaient de leurs poings : signes de douleur.

en homme d'expérience, a lu la première leçon[1],
mais sans enthousiasme, car c'était pour Renart. Le
répons fut dit par le limaçon, sans faire d'histoires ni
de manières, puis ils chantèrent ensemble le verset,
l'un en basse et l'autre en fausset. La deuxième
leçon, c'est Brichemer le cerf qui l'a lue ensuite, tandis que Tibert a chanté le répons en compagnie du
seigneur Frobert ; après quoi ils chantèrent ensemble
le verset, doucement, sans se presser. Et puis le seigneur Épineux le hérisson a lu la troisième leçon,
selon les règles et sans problèmes, tandis que Grimbert se chargeait du répons ; puis l'un d'eux entreprit
le verset ; Isengrin les fit bénéficier de son concours.
La quatrième leçon, c'est Isengrin qui l'a dite
ensuite et il s'est bien acquitté de sa tâche ; Baucent
a chanté le répons, calmement et sans se hâter, tandis que Brun l'ours a chanté le verset : son chant
achevé, il lâcha un pet. Ensuite, la cinquième leçon
fut lue par maître Chantecler, le mari de Pinte, et le
répons, comme les sources l'attestent, fut chanté par
Frobert le grillon ; Pelé le rat chanta le verset en
chœur avec monseigneur Tibert le chat. Brun l'ours,
en faisant tous ses efforts, entonna la sixième leçon :
il la finit bien, comme il l'avait commencée. Et voici
qu'aussitôt se lève Roussel l'écureuil qui chanta le
répons correspondant et se comporta fort bien dans

1. La leçon, le répons et le verset : chants religieux.

l'épreuve ; le verset fut chanté en toute simplicité et calmement par Petitprofit. La septième leçon fut entonnée doucement et avec grande habileté par le paon, le seigneur Petitpas, et croyez-moi, il n'a pas manqué son coup : au contraire, il la lut admirablement ! C'est Roonel qui chanta le répons ; le verset fut chanté par le moineau Drouin, avec grand plaisir et allégresse, en l'honneur du mort, et s'il élève autant la voix, c'est qu'il veut se faire entendre. La huitième leçon est lue sans confusion par maître Ferrant, le palefroi[1], et Couard interpréta le répons qui accompagnait les autres. Le lapin, le seigneur Sauteret, entonna le huitième verset. La neuvième leçon fut chantée par Bernard, que la mort de Renart affligeait. Brichemer chanta le répons, et le verset fut dit par Baucent le sanglier.

Quand on eut chanté les leçons et que les vigiles furent achevées, immédiatement ils sortent en rang, tous ensemble, pour aller enlever leurs ornements liturgiques[2]. Quand ils ont tous quitté leur tenue, ils sont revenus, de concert, dans la salle, n'en déplaise à d'aucuns, et se sont assis tous sans exception, c'est mon avis, devant la dépouille mortelle. Le palais était illuminé d'abondance par des luminaires splendides ; cette nuit-là ils firent une fête comme jamais je n'en ai entendu décrire, et comme plus jamais ils

1. Palefroi : cheval de parade.
2. Ornements liturgiques : habits de cérémonie religieuse.

ne referont à mon avis : toute la nuit, ils la passent au jeu des plantées[1].

Le premier à lever le pied avec entrain fut Isengrin ; et Tibert le chat le frappa avec tant de calme et de douceur… qu'il le fit tomber à la renverse. Puis il est allé s'asseoir. Alors Primaut tendit à son tour le pied, mais Brichemer ne le ménagea pas car il lui mit un tel coup que son pied tout entier en fut parcouru de frissons et, bon gré mal gré, il tomba à la renverse. Aussitôt Brichemer s'assit et tendit son pied en l'air. C'est maintenant Bruiant le taureau qui a asséné son coup ; il y mit toute sa force et sa puissance, sans pour autant prendre d'élan. À cette vue, Brichemer changea de couleur et fut terrifié, mais cette fois il tint et ne bougea pas quelque coup que l'autre lui donne. Je ne pense pas qu'il le lui pardonne ! Monseigneur Frobert, tout en gardant le silence, a vu quel coup a été donné. Il vint plein de colère vers Bruiant ; celui-ci leva le pied devant lui, selon la règle. Frobert lui donna un si grand coup dessus qu'il s'en fallut de peu qu'il ne lui déchirât le cuir ! Aussitôt Bruiant le taureau recula complètement abasourdi. Rempli de joie et d'allégresse, le seigneur Frobert tendit le pied à son tour. Aussitôt se porta vers lui, de toute la puissance de sa

---

1. Jeu des plantées : ancien jeu dans lequel le premier joueur lève son pied, son partenaire lui donne de la plante du pied un grand coup sur la plante du pied. Les deux joueurs se frappent tour à tour jusqu'à ce que l'un des deux tombe à la renverse.

course, Baucent le sanglier qui frappa le grillon de telle sorte qu'il le fit tomber à genoux. Mais Frobert se remit debout immédiatement et déclara : « Vous n'avez pas manqué votre coup, seigneur Baucent, dit Frobert. Par la foi que je dois à frère Hubert, je vous estime et prise infiniment pour avoir abattu devant moi un chevalier de si grand prix ! J'en suis fou de joie ! – Seigneur Frobert, répondit Baucent, par la foi que je dois à saint Laurent, je n'ai fait cela que pour le jeu. » Puis il s'assit et tendit le pied. Et sans attendre, une fois sa cape ôtée, Tardif l'a frappé. Il mit toute sa force et son adresse pour bien assener son coup, et il frappa si violemment Baucent qu'il l'abattit sur le pavé. Le visage du sanglier changea de couleur ; dès qu'il le put, car il éprouvait douleur et colère, il bougea. Aussi Tardif s'empressa de lui dire : « Baucent, ne vous mettez pas en colère ! » À ce moment s'avança Petitpas le paon, fort mécontent. Redoutant peu sa colère, Tardif s'assied aussitôt. Le paon mit toute sa force dans son coup, il s'appliqua mais pour autant monseigneur Tardif ne bougea pas d'un pouce. Sous le coup, il devint écarlate et le paon, s'apercevant qu'il l'avait blessé, lui cria : « Tardif, ne vous mettez pas en colère ! Buvez plutôt, s'il vous plaît. La nuit est encore bien longue et nous n'en jouerons que plus joyeusement. Seigneur, donnez vos ordres à cet effet », dit Petitpas. Tardif fit apporter du vin et ils burent tout à loisir; il y eut aussi de la bière. Il but tant qu'il retrouva sa gaieté.

Quand ils eurent bu à satiété, Petitpas alla s'asseoir. Pelé le rat s'est avancé tout doucement et posément; il frappa Petitpas sans attendre, tout doucement et sans étendre le pied. Pourtant il y a mis toute sa force et brise le bâton en deux tronçons égaux. Ce coup-là, Isengrin le loup le vit bien et n'en fut pas heureux, sachez-le. Il s'est avancé vers le rat et lui a dit avec emportement, si fort que le roi l'entendit : «Seigneur Pelé, vous avez grand tort de frapper si violemment. Une bouffée de colère m'en est montée à la tête. Dieu m'en soit témoin, je ne manquerais à aucun prix de vous frapper à mon tour.» Monseigneur Pelé lui répondit : «Seigneur Isengrin, soyez sûr que je ne voudrais pas l'avoir blessé, dussé-je perdre la peau du dos. Je préférerais m'être coupé un doigt jusqu'à l'os!» Isengrin dit : «Admettons. Mais sortez du jeu maintenant.» Aussitôt Petitprofit a fait un bond en avant, et s'exclame : «Isengrin, il n'en est pas question. Nous jouerons au contraire jusqu'au jour, tout doucettement et en toute amitié. Pelé, dit-il, avancez, asseyez-vous et jouez.» Celui-ci tendit la patte sans délai. Et voici venir à toute allure monseigneur Petitporchas qui sans plus attendre, décocha un coup de pied à Pelé, si fort que l'autre en fut tout étourdi. Que vous raconter de plus? Ils firent si bien que le jour arriva. Alors ils cessèrent de frapper et de jouer ; dès qu'il fit jour, le jeu prit fin. Et l'archiprêtre, dom Bernard, fit sonner les cloches pour Renart. Ils se sont bien acquittés de cette tâche puis ont porté le corps à l'église. [*Le corps du goupil est transporté à l'église. Un nouvel office funèbre est célébré. L'âne Bernard prononce une oraison qui glorifie la mémoire du goupil. Brichemer et Ferrant récitent des textes religieux.*]

Puis l'archiprêtre[1], le seigneur Bernard, chanta la messe pour Renart. À la fin, le roi plein de résolution parla d'une voix forte devant tous et appela Brun l'ours pour lui dire : « Mon ami, vous irez sous ce pin et ferez, mon très cher et tendre ami, la fosse où reposera le corps de Renart. Il sera mis en terre avec tous les honneurs. Je vous prie instamment d'exécuter rapidement mes désirs et mes ordres. » Et Brun de répondre : « Il en sera fait selon vos désirs, au risque de déplaire à certains, car je ne veux pas me dérober. – Chantecler, prenez l'encensoir[2] pour honorer sa dépouille. Brichemer et vous, seigneur Belin le mouton, porterez la bière[3] de ce baron de noble lignée[4]. Isengrin s'occupera de porter la croix. À chacun son travail ; la chèvre prendra un tambour dont elle jouera ; le cheval de bât, le seigneur Ferrant, interprétera sur la harpe, tel est mon plaisir, une de

1. Archiprêtre : grand dignitaire de l'Église.
2. Encensoir : petit objet suspendu dans lequel on fait brûler de l'encens.
3. Bière : cercueil.
4. Noble lignée : d'origine familiale noble.

ses mélodies galloises, tout à loisir, mais je veux qu'il commence sans délai. Couard le lièvre, Tibert le chat et Hubert le milan porteront les cierges allumés. Quand le cortège s'ébranlera, les souris sonneront les cloches comme je le souhaite. Le singe, lui, fera des grimaces. C'est Bernard qui mettra le corps en terre : inutile de chercher meilleur que lui. » Sans tarder, ils exécutent les ordres du roi. En grande pompe, ils portèrent le corps dont on avait découvert le visage. Brun l'ours de sa patte puissante avait très soigneusement préparé la fosse. Près d'elle ils ont déposé le corps, couvert d'une lourde soie verte. Ils ôtèrent l'étoffe et Brichemer prit le corps par la tête, comme Bernard, qui avait mis bien des morts en terre, le lui avait appris. Voyant Belin devant lui, il lui demande de prendre Renart par les pieds. Sans attendre, ils l'ont mis et couché doucement dans la fosse. Et l'archiprêtre jeta bien vite de l'eau bénite sur le corps, afin qu'aucune créature démoniaque ne puisse s'en emparer. Au moment où Brun allait jeter la terre pour le recouvrir, Renart commença à ouvrir les yeux. Il se demanda avec stupeur ce qui se passait, il avait peur et redoutait d'être enterré. Ce n'était pas le moment de fermer les yeux ! Son évanouissement avait duré longtemps et il ne savait ce qui s'était passé. Aussi pensa-t-il bien être l'objet d'un enchantement. Mais lorsqu'il vit le roi et sa suite, reprenant courage et hardiesse, il mit tout son cœur et ses forces à se tirer d'affaire. Il sauta hors de la fosse à pieds joints et s'empara d'un coup de dents de Chantecler qui tenait l'encensoir. Pas question de le laisser ! Il s'enfuit à toute allure avec sa proie et se jeta dans une haie. […] (Branche XVIII.)

Arrêt sur lecture 5

Une « naissance » tardive...

Rétablir l'ordre chronologique

« La naissance de Renart » est une branche* tardive. On pense que c'est la dernière à avoir été écrite, sans doute vers 1250. Cette composition plus récente reflète une habitude médiévale : les auteurs ont commencé à écrire des aventures – c'est le corps du texte ; puis, au début du XIIIe siècle, ils imaginent en même temps la naissance et la mort du héros. La plupart des manuscrits du *Roman de Renart* que nous avons conservés ne possèdent pas cette dernière branche : elle ne figure que dans quatre manuscrits*. Elle est alors placée en tête du texte, avant les autres aventures de Renart, ce qui traduit une volonté de rétablir un ordre chronologique : de la naissance à la mort du héros. C'est l'ordre que l'on peut observer habituellement dans nos romans modernes.

La naissance du goupil : une autre Bible

Dans la Bible, Adam et Ève sont créés par Dieu au sixième jour de la création du monde, après les animaux. Tous deux vivent au Paradis jusqu'au jour où ils commettent la faute de goûter le fruit défendu : la pomme. Ils sont alors chassés du Paradis. Dans cette branche* du *Roman de Renart*, l'auteur réécrit la Bible : l'apparition des animaux ne précède pas la naissance de l'homme et de la femme, mais s'effectue après que Dieu a chassé Adam et Ève du jardin d'Éden. Le texte affirme que Dieu aurait confié à Adam une baguette magique qui lui permettra de faire sortir des animaux en frappant la mer. Adam essaie le premier : naît un mouton. Ève à son tour se sert de la baguette, mais c'est un loup qui jaillit et qui emporte le mouton. Les bêtes conçues par l'homme sont bonnes et domestiques ; celles que crée la femme sont sauvages et mauvaises.

L'incroyable vérité

Donner une origine au récit – L'histoire de la naissance de Renart veut répondre à deux questions essentielles : quel était le comportement de Renart dans ses plus jeunes années et quels rapports il entretenait avec Isengrin le loup. L'auteur de cette branche insiste sur le caractère véridique du récit qu'il va faire : ce n'est pas lui qui a composé cette histoire, mais un certain Aucupre* dont il aurait trouvé le manuscrit*. On ne sait pas aujourd'hui si cet auteur a véritablement existé, mais on pense que son nom a probablement été inventé : il était effectivement courant au Moyen Âge de citer d'autres noms d'auteurs pour faire croire à la vérité du récit. Car la référence à des sources antiques était immédiatement considérée comme vraie.

Le livre, support de la vérité – Par ailleurs, l'auteur insiste sur le fait que c'est un texte écrit qu'il a trouvé : ce n'est donc pas un récit qu'on lui aurait raconté oralement ni qu'il a inventé. Il indique que l'histoire débute après une grande initiale rubriquée*. Cette allusion permet de garantir l'origine écrite du texte, car tout le monde au Moyen Âge sait que le début d'une histoire est très souvent indiqué dans un manuscrit* par une grande majuscule décorée. L'histoire est donc véridique, car elle est écrite et il faut donner foi aux livres : « on doit croire ce qui est écrit ».

Le vol des trois jambons

À la fin de la branche*, l'auteur ne peut résister au plaisir de nous raconter une aventure opposant Renart à son oncle Isengrin. Renart, affaibli par la maladie et la faim, arrive dans la demeure de son oncle Isengrin qui le soigne sans attendre. Mais le goupil a remarqué les trois jambons appétissants qui pendent au-dessus de sa tête... Il conseille alors à Isengrin de dépendre ses jambons et de les cacher, puis de dire partout alentour qu'on les lui a dérobés. C'est une ruse, car ainsi personne ne prendra au sérieux les plaintes du loup, quand Renart lui aura véritablement subtilisé les jambons. L'amitié entre les deux compères n'a été que de courte durée : voici entreprise la guerre entre Renart et Isengrin.

Grâce à cet épisode ajouté à la fin de « La naissance de Renart », l'auteur renoue avec la tradition des récits renardiens*. Le vol des jambons ressemble aux autres branches du *Roman de Renart*, alors que le récit de la naissance est tout à fait à part : on ne retrouve les éléments traditionnels comme la faim, la ruse ou la querelle entre le loup et le renard que dans l'épisode du vol.

Renart et la mort

Renart peut-il mourir ?

Renart s'échappe – Beaucoup d'animaux tentent de mettre Renart à mort dans les branches* du *Roman de Renart*. Dans « Le jugement de Renart » et dans « Le siège de Maupertuis », les barons de Noble veulent pendre Renart au gibet. Mais le goupil, grâce à une ruse, parvient à prendre la fuite. Ailleurs, Renart risque la mort en tombant au fond d'un puits ; il est aussi poursuivi par des paysans (« Renart et Chantecler ») ou par des chasseurs (« Renart et la mésange », « Renart et Tibert »). Pourtant Renart s'en tire toujours. Il échappe à la mort qu'il est même capable d'imiter, de contrefaire, notamment dans « Renart et les anguilles » ou dans une branche plus tardive, « Renart le noir ». Renart apparaît donc plus rusé que les autres animaux, plus habile que la mort, puisqu'elle ne parvient jamais à se saisir de lui.

Renart meurt-il ? – Mais voilà la dernière branche du récit renardien* : « La mort de Renart ». Son titre annonce que le goupil doit enfin mourir. Renart a perdu la vie au jeu d'échecs ; la reine Fière est présente à son trépas. Tous les personnages du *Roman de Renart* sont venus pour assister à l'enterrement de celui qui les a fait tant souffrir mais que tous semblent quand même regretter. Les animaux chantent la messe, se lamentent, conduisent le cercueil jusqu'à la fosse creusée par Brun. Alors que Renart est dans la tombe, il ouvre un œil et bondit hors de terre. Il en profite, au passage, pour saisir dans sa gueule le coq Chantecler : Renart n'a pas perdu l'appétit. Le récit se termine donc sur un véritable retournement de situation : le goupil est toujours en vie, il semble avoir gagné l'immortalité.

Renart ne peut pas mourir, car sa mort signifierait aussi la mort du *Roman de Renart*. La vie éternelle du héros est nécessaire à la continuation du récit. Renart toujours repart en quête de nouvelles aventures.

Les cérémonies funèbres

La parodie* du rituel religieux – Une fois mort, le goupil doit être enterré. Mais avant, il est nécessaire de célébrer une cérémonie funèbre. C'est un office grandiose auquel participent tous les animaux de la cour de Noble. Chacun joue un rôle religieux, notamment en chantant. L'auteur de la branche* insiste sur les chants avec l'allusion aux leçons*, aux répons* et aux versets* des prières religieuses chantées et sans cesse reprises par les protagonistes*. Le rituel de la messe funèbre est parfaitement respecté. Pourtant, la répétition des chants, leur longueur ainsi que la référence au monde animal créent une certaine bizarrerie : la présence d'animaux déguisés en archiprêtre ou en simple religieux est incongrue. Ce sont des bêtes qui conduisent la cérémonie avec le plus grand sérieux, mais Brun l'ours, pète, ce qui rappelle une réalité plus basse, triviale. La célébration des offices comme la procession qui conduit le goupil jusqu'à sa tombe sont des parodies : le texte du *Roman de Renart* déplace le rituel religieux dans le monde animal pour faire rire ses auditeurs.

Entre les offices et la procession : le jeu des plantées – La présence du divertissement au milieu de deux sujets sérieux provoque un décalage de tons : de la tristesse du deuil au divertissement. Ce décalage est renforcé par l'intervention du conteur qui souligne l'ampleur de la fête :

> [...] cette nuit-là ils firent une fête comme jamais je n'en ai entendu décrire, et comme plus jamais ils ne referont [...]

Le jeu décrit longuement et auquel chacun veut participer est un jeu sauvage qui consiste à faire tomber son adversaire en le frappant violemment sur la plante du pied. Très vite on remarque que le jeu se transforme en règlement de comptes : les seigneurs se donnent des coups extrêmement violents, à tel point que ceux qui les reçoivent changent de couleur à cause de la douleur. La colère partout monte. Mais le calme revient grâce au vin que les barons boivent en quantité :

> Tardif fit apporter du vin et ils burent tout à loisir ; il y eut aussi de la bière. Il but tant qu'il retrouva sa gaieté.

La cérémonie accompagnant la mort de Renart est donc devenue une immense fête pleine de joie et de vin, bien loin des larmes et de la douleur de la mort.

Renart après Renart...

La tradition du *Roman de Renart* se poursuivra, notamment à travers l'œuvre de Rutebeuf, un auteur de la seconde moitié du XIIIe siècle, qui écrit un texte intitulé *Renart le Bestourné*. La figure de Renart y est de plus en plus noire. Il devient même diabolique (ce thème est déjà présent dans « La naissance de Renart ») et immortel, comme dans « La mort de Renart ». Les premières lignes du texte de Rutebeuf insistent sur ces deux aspects :

« Renart est mort, Renart est vivant ! Renart est répugnant, Renart est abject, et pourtant Renart règne ! Renart a longtemps exercé son pouvoir dans le royaume, il y chevauche volontiers à bride abattue et au galop. On l'avait pendu, à ce qu'il paraît, et c'est ce que j'avais entendu dire, mais non, pas du tout ! Vous le saurez sous peu puisqu'il est maître de tous les biens de Monseigneur Noble, de la plaine comme du vignoble. Renart fit bien ses affaires à Constantinople ; dans les maisons et les caves, il ne laissa la valeur de deux navets à l'empereur […]. On ne doit pas aimer Renart, car chez lui tout est amer. C'est là sa règle. »

Rutebeuf affirme la suprématie de Renart qui règne désormais sur tout le royaume. La ruse a conduit le goupil à la toute-puissance et à la maîtrise du monde. À travers la figure de Renart, l'auteur dénonce violemment la faiblesse du roi, les mauvais conseils des barons, la corruption de l'Église. Rutebeuf écrit pendant une période très noire de l'Histoire, et son héros est à l'image de l'époque dans laquelle il voit le jour.

à vous...

1 – Dans l'épisode des jambons, quels sont les rapports qui unissent au début Renart et Isengrin ? Comment s'adressent-ils l'un à l'autre et qu'est-ce que cela démontre ? Imaginez la mimique que Renart se compose lorsqu'il se plaint à son oncle.

2 – À la fin de l'épisode, dans quel état Renart abandonne-t-il Hersent et Isengrin ? Recopiez la conclusion de l'épisode. Qu'annonce-t-elle ? Donnez trois exemples pour illustrer les « grands ennuis » qu'a causés Renart.

3 – Imaginez la confession de Renart avant de mourir, en rappelant les tours qu'il a joués. Ou bien, écrivez l'oraison que prononce l'âne Bernard pour glorifier la mémoire du goupil.

Bilans

Pour en finir avec Renart

Une œuvre très populaire

Le Roman de Renart est une œuvre fondamentale au Moyen Âge. Issues d'une tradition orale, inspirées parfois d'Ésope ou de Phèdre, les aventures du goupil sont très vite mises par écrit et rassemblées dans des manuscrits* pour être conservées. Sa popularité est grande tant chez les nobles que dans les milieux plus pauvres, et très vite les premières branches* sont amplifiées par d'autres. À travers ces brefs récits, il s'agit toujours de faire rire le public : *Le Roman de Renart* n'est pas une œuvre critique ou morale*. En effet, il est fondamental de comprendre les différentes branches du texte non comme des fables* à portée morale, mais plutôt comme des récits comiques. De même, si le texte parfois critique la société médiévale, la satire n'est pas son unique but. Dans ces contes d'animaux, les personnages sont à l'image des hommes, mais pas tout à fait pareils à eux et restent des bêtes. Cette distance essentielle permet de rire même devant la cruauté d'un meurtre ou la violence d'une querelle.

Un héros ambigu

Renart est un compère à la fois cruel et amusant. C'est un héros bien ambigu*, repoussant et attirant. C'est peut-être la ruse, qu'il met toujours en œuvre pour se sortir d'un mauvais pas, pour combattre la faim, qui nous rend si proche de lui. Il est étonnant d'intelligence, il est habile et n'obéit qu'à une seule règle : celle du ventre. Renart, dans la société médiévale, est un baron révolté, un mauvais larron qui fait cavalier seul toujours en quête de nourriture et de tours à jouer aux autres, à Noble, mais surtout à Isengrin.

Souvenez-vous des aventures de Renart

Voici pour vous aider à vous souvenir des principales étapes qui composent les diverses branches* un tableau récapitulatif des aventures du goupil. Vous y trouverez la structure des récits, détaillée grâce à un parcours simplifié qui va de la situation initiale, à l'ouverture de la branche, jusqu'à la situation finale, à la clôture du récit. *(Voir tableau résumé pages suivantes.)*

Beaucoup d'épisodes débutent sur le même motif* de la faim. La disette en effet revient, elle oblige Renart à quitter Maupertuis : il part à l'aventure, et cela lance le récit. Très souvent aussi, le goupil est mis en fuite par des chiens. L'échec, l'insatisfaction et la fuite sont des moyens pour les auteurs du *Roman de Renart* de ne jamais terminer les aventures : Renart chevauche toujours plus loin, et le récit raconte de nouvelles péripéties*, le goupil doit toujours recommencer. Vous pouvez également noter que bien des branches se terminent avec le serment d'une vengeance. Cette promesse relance l'aventure : le lecteur attend avec impatience le moment où Renart se vengera de Tibert, où Isengrin fera payer à Renart les dommages qu'il lui a fait subir…

Résumons-nous !

Les aventures de Renart	Personnages principaux et lieux	Situation initiale
Le jugement de Renart	Noble. Les barons dont Brun, Tibert et Grimbert, Chantecler et Pinte, Renart. La cour du roi.	Noble a réuni une cour plénière. Isengrin porte plainte contre Renart.
Le siège de Maupertuis	Noble. Les barons dont Tardif le limaçon, la reine Fière, Hermeline et ses fils, Chauve la souris, Renart. Devant la forteresse de Maupertuis puis à la cour du roi.	Noble et ses barons assiègent la forteresse de Renart.
Renart et Chantecler	Renart, Chantecler le coq, la femme, les paysans et les chiens. Dans un hameau.	Renart parvient à un hameau regorgeant de poules et de coqs.
Renart et la mésange	Renart, une mésange, des chasseurs.	Renart se lamente car il s'est laissé trompé par

Élément de transformation	Péripéties	Résolution et situation finale
Arrivée à la cour du cortège funèbre : Chantecler et Pinte pleurent le meurtre de dame Coupée.	Brun, Tibert et Grimbert se rendent à Maupertuis pour ramener Renart à la cour.	Renart parvient à s'enfuir en se faisant pèlerin et rentre à Maupertuis.
Le goupil sort de son château, attache les assaillants et humilie la reine.	Tardif détache tous les chevaliers qui capturent Renart et le conduisent au gibet. Hermeline et les fils de Renart arrivent à la cour et font libérer le goupil contre des richesses. Mais Chauve la souris réclame justice contre Renart qui a tué son mari. Renart se réfugie dans un arbre.	Renart prend la fuite après avoir assommé le roi d'un jet de pierre. Le roi est emmené pour être soigné.
Il est arrêté par une clôture mais parvient à pénétrer dans l'enclos et aperçoit Chantecler.	Songe de Chantecler et interprétation de Pinte. Renart flatte le coq mais le manque. Il réussit à l'attraper mais, alors qu'il est poursuivi par les paysans et les chiens, il le laisse échapper.	Renart repart le ventre vide et se lamente.
Il voit une mésange sur un chêne.	Renart à trois reprises demande à la mésange	Renart, épuisé, parvient à échapper aux chiens.

Les aventures de Renart	Personnages principaux et lieux	Situation initiale
	avec leurs lévriers, un moine convers avec deux énormes chiens. Auprès d'un chêne.	Chantecler qu'il a laissé fuir.
Renart et Tibert	Renart, Tibert le chat, des chasseurs avec leurs chiens. Dans une rue.	Renart se plaint de la mésaventure qu'il a eue.
Tibert et l'andouille	Renart, Tibert le chat, un chasseur et ses chiens. Sur un chemin, près d'une croix.	Renart affamé se lamente de ses souffrances.
Renart et Tiécelin	Renart, Tiécelin le corbeau. Dans une plaine, à côté d'un cours d'eau, au pied d'un hêtre.	Renart est couché sur l'herbe fraîche. Il a faim.
Renart et les anguilles	Renart, les marchands de poissons. Sur un chemin puis à Maupertuis.	La saison hivernale commence et Renart n'a plus rien à manger. Il quitte Maupertuis.

Élément de transformation	Péripéties	Résolution et situation finale
	un baiser de paix. Sa ruse échoue. Arrivent des chasseurs et des chiens. Renart rencontre un moine convers qui le laisse s'enfuir.	
Il rencontre Tibert le chat qui s'amuse seul dans une rue.	Tibert lance à trois reprises son cheval à toute allure dans un sentier. Renart souhaite qu'il tombe dans le piège. Arrive une meute de chiens qui met en fuite les compères.	Tibert pousse Renart dans le piège. Renart parvient à s'échapper mais il est blessé à la cuisse.
Il rencontre Tibert puis trouve sur le chemin une andouille.	Renart, espérant tromper le chat, lui fait porter l'andouille. Le chat s'enfuit et grimpe sur une croix. Arrivent un chasseur et ses chiens.	Renart s'enfuit le ventre vide. La guerre entre Renart et Tibert est déclenchée.
Tiécelin le corbeau vole jusqu'à l'arbre et déguste un fromage.	Renart flatte Tiécelin qui laisse tomber le fromage. Renart ne parvient pas à se saisir du corbeau qui s'envole.	Renart, à moitié rassasié du fromage, reprend la route, à petits bonds.
En chemin, il rencontre des marchands. Il fait le mort sur la route.	Renart, jeté dans la charrette, déguste des anguilles et des lamproies.	Renart rentre à Maupertuis et fait griller les poissons.

Les aventures de Renart	Personnages principaux et lieux	Situation initiale
La pêche à la queue	Renart, Isengrin, des paysans. À Maupertuis puis au bord d'un étang.	Renart et ses fils font rôtir les anguilles.
Le puits	Renart, Isengrin, des moines. Une abbaye de moines blancs.	Renart affamé est en quête de nourriture. Il arrive dans une abbaye.
La naissance de Renart	Dieu, Adam, Ève. Hors du paradis.	Dieu confie à Adam un bâton qui fera naître les animaux.
Le vol des jambons	Renart, Isengrin, Hersent. Dans la demeure d'Isengrin.	Renart et Isengrin sont oncle et neveu, ils sont très amis.
La mort de Renart	Tous les personnages du *Roman de Renart*. À la cour du roi.	Renart et Isengrin jouent aux échecs.

Élément de transformation	Péripéties	Résolution et situation finale
Isengrin arrive, affamé.	Renart fait une tonsure à Isengrin. Isengrin pend un seau à sa queue et pêche dans l'étang. Au lever du jour, sa queue est prise dans la glace. Accourent des paysans.	Isengrin, la queue coupée, s'enfuit et jure de se venger de Renart.
Renart réussit à pénétrer dans le poulailler et mange deux poules. Mais assoiffé il se rend près d'un puits. Il tombe.	Arrive Isengrin qui prend la place de Renart au fond du puits. Les moines assoiffés vont chercher de l'eau mais sortent le loup.	Isengrin est battu. Il fait le mort puis s'enfuit. Il rencontre son fils qui jure de se venger de Renart.
Ève saisit le bâton et crée le loup.	Adam crée les animaux domestiques, Ève les bêtes sauvages.	C'est la naissance de Renart et d'Isengrin.
Renart, malade, demande secours à son oncle. Il aperçoit au-dessus de sa tête trois jambons pendus.	Renart suggère à son oncle de cacher ses jambons et de dire qu'on les lui a volés. Pendant la nuit il vole les jambons.	Renart s'en va joyeux. Isengrin et Hersent se lamentent.
Renart perd et meurt.	Cérémonies funèbres, jeu des plantées et enterrement du goupil.	Renart ressuscite, il se saisit du coq et s'enfuit.

C'est donc un autre moyen pour introduire un nouveau récit. Le récit renardien* n'a jamais de véritable fin, c'est une œuvre ouverte.

Postérité de l'œuvre

Au-delà des frontières

Le Roman de Renart était à tel point populaire au Moyen Âge que le texte a traversé les frontières entre les XIIe et XIIIe siècles. Les aventures de Renart le goupil ont été imitées à l'étranger. En reprenant les branches* les plus anciennes de la tradition, l'Alsacien Henri le Glichezâre (« Henri le Sournois ») compose un texte intitulé *Reinhart Fuchs*. La branche I est adaptée en Italie sous le titre *Rainardo e Iisengrino*. Enfin un poète flamand, Willem, écrit vers 1250 *Reynke de Vos*.

Au-delà du XIIIe siècle

Renart refait son apparition dans la littérature du XIIIe siècle d'abord. Mais il figure dans des textes porteurs d'un message moral*, ce qu'on ne trouvait pas dans *Le Roman de Renart*. La signification de l'œuvre est donc entièrement modifiée et le héros transformé : il incarne alors le mal et le diable.

Dans *Le Couronnement de Renart*, une œuvre anonyme qui date de 1250 environ, Renart part détrôner le roi Noble. On retrouve dans le récit les principaux acteurs du *Roman de Renart* : Noble, Isengrin... tout comme la ruse légendaire du goupil ! Mais l'auteur introduit une portée morale* au texte et dénonce violemment les ordres politique et religieux dans lesquels l'argent règne en maître. Dans cette œuvre, comme dans *Renart le bestourné* de Rutebeuf, l'image de Renart est très

Grand illustrateur des *Fables* de Jean de La Fontaine, Benjamin Rabier (1869-1939) a dessiné un Renart inoubliable. Vous retrouverez sans peine l'épisode qu'il représente ici.

sombre. La moquerie légère et la parodie* sont abandonnées pour laisser la place à une satire* violente de la société. On remarque la même orientation morale* dans *Renart le Nouvel* de Jacquemart Gielée : le roi Noble incarne les forces du bien alors que les fils de Renart symbolisent celles du mal. Dans le même registre, on peut évoquer deux autres œuvres encore : *Renart le Contrefait* du Clerc de Troyes et le *Dit de la queue de Renart*.

Après le Moyen Âge...

Le Roman de Renart, comme beaucoup d'œuvres de cette époque, sera oublié. Les manuscrits* sont rangés dans les bibliothèques, parfois perdus ou détruits. C'est une nouvelle époque littéraire qui naît : la Renaissance, avec des auteurs comme François Rabelais (vers 1494-1553), Pierre de Ronsard (1524-1585), Joachim Du Bellay (1522-1560), et bien d'autres.

Ce n'est qu'au XVIIIe siècle que la tradition renardienne* refait surface : *Le Roman de Renart* est enfin redécouvert. Goethe publie en 1793 une traduction de *Reynke de Vos* intitulée *Reinecke Fuchs*. Au XIXe siècle, Gustave Doré illustre *Le Roman de Renart*. Les aventures du goupil sont racontées et imitées. Maurice Genevoix écrit un *Roman de Renart* en 1968 dans lequel il reprend scrupuleusement les péripéties* du récit médiéval. Le texte est adapté en bande dessinée par J.-L. Hubert et J. G. Imbar sous le titre *Le Polar de Renard* en 1980. Dans cette œuvre, l'univers du Moyen Âge est transféré dans le Paris des années 1970. Renart tient une brocante, Isengrin un bar restaurant, et Tibert est un homme politique parisien.

Annexes

De vous à nous

Arrêt sur lecture 1 (p. 62)

1 – Le verbe «ouïr» provient du verbe latin *audire* qui signifie entendre. C'est un verbe très fréquent en ancien français* alors qu'il a pratiquement disparu en français moderne. Il a été remplacé par le verbe «entendre», qui existait déjà en ancien français* mais qui signifiait comprendre. Néanmoins «ouïr» perdure dans une expression encore courante : «j'ai ouï dire».

2 – Plusieurs détails montrent que Brun est un véritable seigneur. Il quitte la cour du roi en chevauchant à l'amble; plus loin dans le texte, on le retrouve sur un destrier, c'est-à-dire sur un cheval de bataille, avec Renart. On peut également noter que Brun parle et même qu'il jure en latin lorsque le goupil fait allusion au miel. Mais, parallèlement, certains détails insistent sur l'animalité : Brun est un ours qui adore le miel. Lorsqu'il arrive devant le tronc d'arbre, il va utiliser ses pattes pour faire pénétrer son museau à l'intérieur de l'arbre («pattes» et «museau» appartiennent d'ailleurs au lexique de l'animalité). C'est là une attitude bien connue de l'ours. Enfin, lorsque les paysans aperçoivent l'ours, ils éprouvent une grande joie, car c'est une bête énorme dont on va travailler la peau et manger la viande.

3 – Renart part en pèlerinage avec trois objets : il porte la croix sur l'épaule droite, il a une écharpe au cou et dans la main un bourdon de frêne (long bâton surmonté d'un ornement en forme de pomme). Ce sont les trois attributs caractéristiques du pèlerin.

Arrêt sur lecture 2 (p. 86-87)

1 – La forteresse de Maupertuis est décrite au début du passage. Noble regarde successivement l'enceinte (les remparts), les murs, les tours, les retranchements, les fortifications et les donjons. Puis son regard s'attarde sur les fossés qui entourent le château et sur le pont-levis. Enfin il souligne que le château profite d'un emplacement stratégique au sommet d'un rocher. Cette élévation permet de mieux se défendre.

Voici le schéma d'un château au Moyen Âge.

Vous pouvez remarquer que le texte tente de donner une image concrète très proche de la réalité. La description qu'il fait de Maupertuis assimile la tanière du goupil à un véritable château fort.

2 – Lorsque Renart sort de Maupertuis, il va attacher tous les barons du roi par le pied ou par le poing. Ces deux termes s'emploient normalement pour parler des hommes. Mais un peu plus bas dans le texte, l'auteur écrit : « À chaque arbre il attache son animal, et même le roi, par la queue. » Dès lors ce sont des caractéristiques animales qui sont nommées. L'auteur introduit ainsi une alternance entre les registres humain et animal, il rappelle que l'armée de Noble est une armée de bêtes. La présence de ces éléments animaux dans l'univers épique* (le siège d'une forteresse) introduit un décalage de l'ordre de la parodie*.

3 – C'est Tardif le limaçon qui parvient à libérer l'armée du roi : il est le seul à avoir été oublié par le goupil. C'est un personnage que l'on aperçoit de temps à autre dans *Le Roman de Renart*. Vous l'avez déjà rencontré à la fin du « Jugement de Renart ». Tardif porte l'enseigne et mène la troupe à la poursuite de Renart. L'auteur fait allusion au limaçon, car c'est un très petit animal susceptible de faire naître le comique dans le récit.

Arrêt sur lecture 3 (p. 135)

1 – Voici la fable* de La Fontaine, « Le Coq et le Renard » :

« Sur la branche d'un arbre était en sentinelle
Un vieux coq adroit et matois.
"Frère, dit un Renard, adoucissant sa voix,
Nous ne sommes plus en querelle :
Paix générale cette fois.
Je viens te l'annoncer ; descends que je t'embrasse.
Ne me retarde point, de grâce :
Je dois faire aujourd'hui vingt postes sans manquer.
Les tiens et toi pouvez vaquer
Sans nulle crainte à vos affaires ;
Nous vous y servirons en frères.

Faites-en les feux dès ce soir.

Et cependant viens recevoir

Le baiser d'amour fraternelle.

– Ami, reprit le coq, je ne pouvais jamais

Apprendre une plus douce et meilleure nouvelle

Que celle

De cette paix

Et ce m'est une double joie

De la tenir de toi. Je vois deux Lévriers

Qui, je m'assure, sont courriers

Que pour ce sujet on envoie.

Ils vont vite, et seront dans un moment à nous.

Je descends : nous pourrons nous entre-baiser tous.

– Adieu, dit le Renard, ma traite est longue à faire :

Nous nous réjouirons du succès de l'affaire

Une autre fois." Le galant aussitôt

Tire ses grègues, gagne haut,

Mal content de son stratagème.

Et notre vieux coq en soi-même

Se mit à rire de sa peur ;

Car c'est double plaisir de tromper le trompeur. »

Il y a beaucoup de ressemblances entre les deux épisodes. Renart prétexte dans les deux cas un baiser de paix pour se saisir ici de la mésange, là du coq. L'histoire repose à chaque fois sur un retournement de situation : le trompeur est trompé, Renart est mis en fuite par des chiens. La Fontaine insiste d'ailleurs particulièrement sur ce point. Malgré ces ressemblances, on relève également des différences : c'est une fable* isolée chez La Fontaine alors qu'elle appartient à une unité dans *Le Roman de Renart*, encadrée par « Renart et Chantecler » et « Renart et Tibert ». Ensuite le coq saisit immédiatement la ruse du goupil, contrairement à la mésange. Il serait intéressant sans doute de rapprocher également le texte de Nivard et celui de La Fontaine : tous deux sont plus proches encore.

2 – Les termes « monseigneur » et « fièrement » apparaissent générale-ment dans un contexte de poésie épique*. Ici, ils sont mis à proximité de « rigole » qui renvoie à la réalité de la basse-cour, de « cou emplumé » et de « rengorge » qui insistent sur l'aspect physique du coq. Ce rapprochement introduit dans le récit renardien* une parodie* de la poésie épique : le protagoniste* est un seigneur qui, de façon pour le moins comique, parade dans la basse-cour : « il fait le coq ».

3 – Au Moyen Âge, on appelle « compère » le parrain et « commère » la marraine. C'est donc le lien sacré du baptême qui unit Renart et la mésange. Il y a d'ailleurs dans le texte une allusion au filleul de Renart qui chante plus loin. Ici « compère » et « commère » sont détournés de leur usage traditionnel puisqu'ils sont appliqués à des animaux. Encore une fois le texte joue sur un comique de décalage.

Arrêt sur lecture 4 (p. 173-175)

1 – Horizontalement : Seau, Poulailler, Confession, Ruse.
Verticalement : Autour, Fèves, Puits, Écho, Monastère, Isengrin, Hermeline.
  Les lettres signalées par un astérisque permettent d'écrire « goupil ».

3 – Renart quitte Maupertuis, car la saison hivernale revient et qu'il n'a plus rien à manger dans sa tanière. Le texte insiste sur le manque de nourriture : « à court de provisions », « impossible d'acheter à manger », « le besoin l'a mis sur la route », « la faim lui fait une guerre cruelle »… En chemin, il rencontre des marchands qui reviennent de la mer. La charrette est pleine de poissons : des anguilles et des lamproies. Renart, une fois rassasié, rentre à Maupertuis. Il arrive le ventre plein et les bras chargés de nourriture. Il a fait fortune en chemin.

4 – Dans l'épisode du « Puits », Renart croque deux poules toutes crues. Il en garde une pour la faire cuire. Dans « Renart et les anguilles », les fils du goupil préparent un feu pour faire griller les poissons. Vous remar-quez donc que tantôt Renart se nourrit de viande crue comme un ani-mal, et que tantôt il fait cuire sa nourriture comme les hommes. Le récit fait alterner les traits humains et animaux pour créer un décalage et susciter le rire.

5 – Malgré le changement d'écriture et la présence de nombreuses abréviations, il est possible de reconnaître un certain nombre de mots. Voici la transcription* des quelques vers qui figurent sous la première miniature*, à partir de la lettrine* :

Par foy compaings bien avez dit
Or le charge se dieux taist
S'en osterons sempre la pel
A la pointe de mon coustel.

Arrêt sur lecture 5 (p. 205)

1 – Dans l'épisode du vol des jambons, Renart et Isengrin sont unis par des liens d'amitié. Au début du passage, Renart s'adresse au loup en l'appelant « seigneur », « cher oncle ». Ces deux apostrophes indiquent un lien de dépendance et de parenté ainsi qu'une distance respectueuse. L'adjectif « cher » traduit une certaine affection du goupil pour son oncle. De même, vous pouvez noter qu'Isengrin appelle Renart « cher neveu » et qu'il s'occupe de lui en lui donnant à manger. Ces éléments démontrent que les rapports entre les deux protagonistes* n'ont pas toujours été violents. Néanmoins, on peut suggérer que les apostrophes sont un peu hypocrites : Renart flatte Isengrin pour obtenir un peu de nourriture. Vous reconnaissez là une attitude fréquente du goupil.

2 – À la fin de l'épisode, Isengrin est en proie à une grande colère et à une immense douleur ; Hersent est accablée. Tous deux se lamentent de la perte des trois jambons. L'épisode se termine sur la conclusion suivante : « Depuis il apprit tant de ruses et de tours qu'il ne cessa de causer de graves ennuis à son oncle et à d'autres. »

Il est facile de retrouver plusieurs ruses de Renart : pensez à l'épisode du puits, à la tonsure d'Isengrin ou à la pêche à la queue. Rappelez-vous aussi des tours joués à Brun, à Tibert et même au roi Noble.

Glossaire

Ambigu : dont l'interprétation est incertaine.

Ancien français : langue intermédiaire entre le latin et le français moderne. On l'appelle aussi le roman.

Aucupre : auteur sans doute inventé par le conteur de « La naissance de Renart ».

Branche : les épisodes du *Roman de Renart* sont rassemblés dans des chapitres que les auteurs appellent des branches.

Captatio benevolentiae : manière d'éveiller au début le désir d'écouter ou de lire une œuvre.

Chanson de geste : long poème en vers qui raconte les exploits guerriers des chevaliers, les hauts faits historiques des siècles antérieurs.

Enlumineur : c'est lui qui décore les manuscrits avec des enluminures, qui sont de riches décorations, et des miniatures.

Épique : un récit épique raconte en vers une action héroïque. On parle aussi d'épopée.

Étymologie : étude de l'origine des mots.

Fable : court récit terminé par une morale.

Fabliaux : petits récits comiques du Moyen Âge, assez proches du *Roman de Renart*.

Héroï-comique : c'est l'art de traiter un sujet haut (des faits héroïques par exemple) avec un style bas.

Initiale rubriquée : grande majuscule décorée au début d'un livre ou d'un chapitre qu'on appelle aussi lettrine.

In medias res : quand le récit démarre immédiatement, sans présentation particulière.

Jongleurs, ménestrels : ce sont des hommes de spectacle qui, lors des banquets, dansent, jouent de la musique, font des tours de magie mais qui également récitent les poèmes appris par cœur.

Leçons : textes religieux chantés lors des offices.

Manuscrit : ouvrage écrit ou copié à la main par des moines.

Métaphore : image qui rapproche deux éléments distincts.

Miniature : fine peinture permettant d'illustrer une scène sur un manuscrit.

Morale : leçon tirée d'un récit.

Motif : thème, sujet qui revient souvent comme la faim dans *Le Roman de Renart*.

Omniprésent : est omniprésent ce qui est présent partout, en tout lieu.

Paradoxe : c'est une opinion surprenante, car elle s'oppose à l'opinion commune.

Parodie : manière d'imiter et de reprendre une œuvre, un ton, un style, pour s'en amuser voire s'en moquer.

Pathétique : ce qui est pathétique émeut, crée une émotion intense comme la tristesse ou la douleur…

Péripéties : ce sont les changements de situations, les incidents qui modifient le déroulement du récit.

Prologue : texte qui introduit le récit.

Prose : manière d'écrire qui s'oppose aux vers.

Protagoniste : personnage principal.

Récit renardien : récit qui raconte les aventures de Renart.

Répons : chant religieux interprété par un soliste puis répété par le chœur.

Rimes plates, ou suivies : elles suivent le schéma AA BB CC ; c'est le type de rime qu'on trouve dans *Le Roman de Renart*.

Roman courtois : texte qui met au premier plan les préoccupations amoureuses d'un chevalier pour une dame.

Satire : critique violente et moqueuse d'une institution.

Scriptorium : atelier où les moines copient les manuscrits (au pluriel *scriptoria*).

Sermon : discours religieux destiné à instruire les fidèles.

Transcription : passage de l'écriture manuscrite des copistes à notre écriture moderne.

Verset : brèves formules issues des Écritures qui sont récitées ou chantées par un ou deux solistes puis répétées par le chœur.

Vie de saint : récit médiéval racontant la vie d'un saint.

Bibliographie

Sur Le Roman de Renart

Le Roman de Renart, 2 tomes, édition bilingue, traduit par J. Dufournet et A. Méline, GF Flammarion, Paris, 1985.
Discographie : *Le Roman de Renart*, éditions La Voix de son livre, V.S.L. Distribution, Grenoble.
Filmographie : *Le Roman de Renart*, film français d'animation de Ladislas Starevitch, 1929.

Sur le Moyen Âge

Les Châteaux Forts, Gaston Duchet-Suchaux et Michel Pastoureau, coll. « En Savoir plus », Hachette éducation, 1994.
L'Écriture mémoire des hommes, G. Jean, coll. « Découvertes Gallimard », n° 24.
Introduction à la littérature française du Moyen Âge, M. Zinc, Le Livre de Poche, 1993.

TABLE DES MATIÈRES

Dans la même collection

Collège

La Bible (extraits) (73)

25 Fabliaux (74)

La poésie engagée (anthologie) (68)

La poésie lyrique (anthologie) (91)

Victor Hugo, une légende du 19ᵉ siècle (anthologie) (83)

Homère, Virgile, Ovide – L'Antiquité (textes choisis) (16)

Guillaume Apollinaire – Calligrammes (107)

Marcel Aymé – Les contes du chat perché (contes choisis) (55)

Honoré de Balzac – La vendetta (69)

Robert Bober – Quoi de neuf sur la guerre? (56)

Évelyne Brisou-Pellen – Le fantôme de maître Guillemin (18)

Chrétien de Troyes – Le chevalier au lion (65)

Arthur Conan Doyle – Le chien des Baskerville (75)

Pierre Corneille – Le Cid (7)

Jean-Louis Curtis, Harry Harrison, Kit Reed – 3 nouvelles de l'an 2000 (43)

Didier Daeninckx – Meurtres pour mémoire (35)

Roald Dahl – Escadrille 80 (105)

Alphonse Daudet – Lettres de mon moulin (42)

Michel Déon – Thomas et l'infini (103)

Régine Detambel – Les contes d'Apothicaire (2)

François Dimberton, Dominique Hé – Coup de théâtre sur le Nil (41)

Alexandre Dumas – La femme au collier de velours (57)

Georges Feydeau – Feu la mère de Madame (47)

Émile Gaboriau – **Le petit vieux des Batignolles** (80)

Romain Gary – **La vie devant soi** (102)

William Golding – **Sa Majesté des Mouches** (97)

Eugène Labiche – **Un chapeau de paille d'Italie** (17)

Jean de La Fontaine – **Fables** (choix de fables) (52)

J. M. G. Le Clezio – **Pawana** (112)

Guy de Maupassant – **13 histoires vraies** (44)

Prosper Mérimée – **Mateo Falcone et La Vénus d'Ille** (76)

Molière – **Les fourberies de Scapin** (4)

Molière – **Le médecin malgré lui** (3)

Molière – **Le bourgeois gentilhomme** (33)

Molière – **Les femmes savantes** (34)

Molière – **L'avare** (66)

Molière – **George Dandin** (87)

Molière – **Le malade imaginaire** (110)

James Morrow – **Cité de vérité** (6)

Charles Perrault – **Histoires ou contes du temps passé** (30)

Marco Polo – **Le devisement du monde** (textes choisis) (1)

Jules Romains – **Knock** (5)

George Sand – **La petite Fadette** (51)

Robert Louis Stevenson – **L'île au trésor** (32)

Jonathan Swift – **Voyage à Lilliput** (31)

Michel Tournier – **Les rois mages** (106)

Paul Verlaine – **Romances sans paroles** (67)

Voltaire – **Zadig** (8)

Émile Zola – **J'accuse!** (109)

Lycée

128 poèmes composés en langue française, de Guillaume Apollinaire à 1968 (anthologie de Jacques Roubaud) (82)

Le comique (registre) (99)

Le didactique (registre) (92)

L'épique (registre) (95)

Portraits et autoportraits (anthologie) (101)

Le satirique (registre) (93)

Le tragique (registre) (96)

Guillaume Apollinaire – **Alcools** (21)

Honoré de Balzac – **Ferragus** (10)

Honoré de Balzac – **Mémoires de deux jeunes mariées** (100)

Honoré de Balzac – **Le père Goriot** (59)

Jules Barbey d'Aurevilly – **Le chevalier des Touches** (22)

Charles Baudelaire – **Les Fleurs du Mal** (38)

Charles Baudelaire – **Le spleen de Paris** (64)

Beaumarchais – **Le mariage de Figaro** (28)

Béroul – **Tristan et Yseut** – **Le mythe de Tristan et Yseut** (63)

Pierre Corneille – **L'illusion comique** (45)

Denis Diderot – **Supplément au voyage de Bougainville** (104)

Annie Ernaux – **Une femme** (88)

Fénelon – **Les aventures de Télémaque** (116)

Gustave Flaubert – **Un cœur simple** (58)

Théophile Gautier – **Contes fantastiques** (36)

André Gide – **La porte étroite** (50)

Goethe – **Faust (mythe)** (94)

Nicolas Gogol – **Nouvelles de Pétersbourg** (14)

J.-C. Grumberg, P. Minyana, N. Renaude – **3 pièces contemporaines** (89)

E.T.A. Hoffmann – **L'homme au sable** (108)

Victor Hugo – **Les châtiments** (13)

Victor Hugo – **Le dernier jour d'un condamné** (46)

Eugène Ionesco – **La cantatrice chauve** (11)

Sébastien Japrisot – **Piège pour Cendrillon** (39)

Alfred Jarry – **Ubu roi** (60)

Thierry Jonquet – **La bête et la belle** (12)

Madame de Lafayette – **La princesse de Clèves** (86)

Jean Lorrain – **Princesses d'ivoire et d'ivresse** (98)

Marivaux – **Le jeu de l'amour et du hasard** (9)

Roger Martin du Gard – **Le cahier gris** (53)

Guy de Maupassant – **Une vie** (26)

Guy de Maupassant – **Bel-Ami** (27)

Henri Michaux – **La nuit remue** (90)

Molière – **Dom Juan** – **Mythe et réécritures** (84)

Molière – **Le Tartuffe** (54)

Molière – **Le Misanthrope** (61)

Molière – **L'école des femmes** (71)

Montaigne – **De l'expérience** (85)

Montesquieu – **Lettres persanes** (lettres choisies) (37)

Alfred de Musset – **On ne badine pas avec l'amour** (77)

Raymond Queneau – **Les fleurs bleues** (29)

Raymond Queneau – **Loin de Rueil** (40)

Jean Racine – **Britannicus** (20)

Jean Racine – **Phèdre** (25)

Jean Racine – **Andromaque** (70)

Pour plus d'informations :
http://www.gallimard.fr
ou
La bibliothèque Gallimard
5, rue Sébastien-Bottin – 75328 Paris cedex 07

Cet ouvrage a été composé
et mis en pages par Dominique Guillaumin, Paris,
et achevé d'imprimer
sur les presses de l'imprimerie Novoprint
en avril 2003.
Imprimé en Espagne.

Dépôt légal : avril 2003
ISBN 2-07-042845-1